少年野球「審判」マニュアル

Umpire Development Corporation 監修

新版

正しい理解&判断がよくわかる

メイツ出版

はじめに

野球は1球ごとのストライク、ボールの判定や、1プレイごとのセーフ、アウトの判定があり、審判が不可欠なスポーツです。ここ数年では、WBCの日本代表の活躍も手伝い、学童野球は盛んになり、試合数も増えています。しかしながら、審判の人数は足りていないのが現状です。

リーグの公式戦などでは、野球連盟に所属している審判が務めますが、練習試合などでは付き添いの父兄が審判をやることもあるでしょう。

しかし、すべての父兄やお父さんコーチが野球をプレーした経験があるとは限りません。プレーしたことがあったとしても、正確なジャッジを

するには正しい知識とプレーを見る目が必要となるのです。

子どもたちは試合を楽しみに、実戦の中で野球を覚え、成長していきます。審判が足りなかったり、誤ったジャッジがされないよう、「お父さん」も子どもと一緒に野球を学んでほしいのです。そして、審判をすることにより、より野球への理解を深めてもらえば、野球の底辺拡大にもつながります。

本書では「お父さん審判」としてデビューする人も理解できるよう、基本のルールとジャッジの仕方、審判のフォーメーションや、判断が難しいジャッジの例まで解説しています。本書を手に取り、休みの日に子どもと野球場へ向かう人が増えれば幸いです。

この本の使い方

この本では、野球の審判を務めるためのコツを60紹介しています。審判の人数やアイテムといった基本から、球審と塁審それぞれの役割やジェスチャー、フォーメーションに至るまで、ジャッジするための知識を一通り網羅しています。

最初から読み進めていくことが理想ですが、自分が特に知りたいと思う項目があれば、そのページだけピックアップすることも可能です。各ページには、コツを習得するためのポイントがあげられていますので、みなさんの理解を深めるための助けにしてください。

さらにこの本では、試合の流れとジャッジの難しいプレーを見極める方法も紹介しています。より実践的なポイントとなっていますので、審判を務める際の参考にしましょう。

タイトル

このページで紹介する判定方法と、マスターするポイントなどが一目で分かるようになっている。

part 2

コツ 04

球審の役割

ジャッジしながらゲームを運営する

CHECK POINT

1 ストライク、ボールのコールは明確に
2 フォースアウトになるかタッチアウトか心構えを
3 キャッチャーの動きでフライの方向を確認

ホームベース付近でグランド全体を見る

球審は試合の運営を司る重要な役割を持つ。常にゲームをコントロールし前に進めることを心掛けよう。通常は捕手の後方に立ち、グランド全体を見渡せる位置をとる。ボール、ストライクの見極めや、1塁、3塁ベースの手前までのフェア、ファールの判定など、打者に関わるたくさんのことをジャッジする。

本塁でのセーフ、アウトの判定や、打球方向が塁審の位置よりも近い、バックネット側のファウルフライの見極めも球審の範囲になる。

そのほか、両チームからメンバー表を受け取り、代打や守備交代の確認、許可をするのも仕事だ。守備交代時に複数のプレイヤーが入れ替わる場合は打順をしっかり確認しよう。

22

解説文

マスターする判定方法に関する知識を解説している。じっくり読んで理解を深めよう。

CHECK POINT!

コツをマスターするためのポイントを3つ紹介している。意識しながら判定を行おう。

POINT
タイトルとCHECK POINT! に連動して、ポイントをマスターするために写真を使ってわかりやすく解説する。

POINT ① ストライク、ボールのコールは明確に

1試合で両チームの投手が投げる球は200球以上になることもあり、1球ごとに判定をするストライク、ボールの判定は明確ですみやかなジャッジを心掛ける。空振りストライクのように声を出さずにジェスチャーだけのものもあるので動きにメリハリをつけよう。

POINT ② フォースアウトになるかタッチアウトか心構えを

本塁でのセーフ、アウトの判定も球審の役割だ。特にランナーが3塁にいる場合は、捕手が後逸した場合など走者が本塁を狙ってくるので、カウントだけに気を取られないように。フォースアウトかタッチアウトか状況を考えて、見やすい位置を事前にイメージしておく。

POINT ③ 捕手の動きを見ながらフライの方向を確認

フライの場合、審判も球ばかりを追ってしまうと捕手と衝突してしまうことがある。マスクを取ったら、球を捕りにいく捕手の動きを見て、接触しない位置で打球を確認する。バックネットに球が触れた場合はファウルになるので、その点も見逃さないように。

+1《プラスワン》アドバイス こどもたちがミスをしないようにチェック

学童野球のときは、監督の指示と違ってほかの選手が守備についていたり、コールの前に打席に入ってしまったり、子どもならではのミスもあるので、メンバー表と照らし合わせ、確認をしよう。複数の選手が守備交代をする際は、慌てず打順も見直すこと。

※「タッチアウト」→正確な英語は「タッグアウト」

23

プラスワンアドバイス
より詳しい知識や、スムーズにジャッジするための方法をアドバイスする。

目次

※本書は2016年発行の『少年野球 審判マニュアル 正しい理解&判断がよくわかる』を「新版」として発売するにあたり、内容を確認し一部必要な修正を行ったものです。

UDC

PART
1

審判の基本

コツ01

審判の役割と責任を負う

CHECK POINT
❶ 打席と本塁のプレイは球審がジャッジする
❷ 各塁のプレイや外野の確認は塁審
❸ ハーフスイングなど球審と塁審の連携も
❹ 違反行為やマナーの注意をする

公平な判断で球審と塁審の役割を果たそう

審判の「プレイボール」から始まる野球は、投球のストライク、ボール、塁でのアウト、セーフの判定、走塁やボークに関わる違反行為の見極めなど、審判の重要度が高い競技といえる。

審判はまずルールを覚えていることが大前提で常に正しいジャッジが求められる。**試合をコントロールし前に進めるためには、中立な立場で各プレイに正しいルールを用いて適応しなければいけない。**

主に打席でのジャッジや本塁でのプレイ、メンバー交代なども把握するのが球審だ。塁審は、各塁のアウト、セーフのジャッジや外野の捕球の確認のほか、タッチアップや走塁、守備妨害などの見極めも多い。それぞれの役割に責任を持って、公平なジャッジをしよう。

※「タッチアップ」→正確な英語は「タッグアップ」

POINT ❶ 打席と本塁のプレイは球審がジャッジする

野球規則では必ず最低1人の審判がいることが義務付けられている。最もジャッジの回数が多いのが、投球のストライク、ボール判定や、本塁でのアウト、セーフの判定をする球審だ。試合開始やタイム、試合再開などのコールも行い、試合進行になくてはならない。

POINT ❷ 各塁のプレイや外野の確認は塁審

審判は通常4人制で行われることが多く、塁審は一、二、三塁の各塁に着き、主にアウト、セーフの判定や守備側の捕球の確認などを行う。外野の打球は塁審1人が追い、空いた塁をほかの塁審がカバーをする。審判が3人以下の場合もローテーションでカバーし合う。

POINT ❸ ハーフスイングなど球審と塁審の連携も

打席に関するジャッジは球審の仕事になるが、ハーフスイングは確認の要求があれば塁審が判断するので、球審との連携も大切。雨天時の試合進行や、ジャッジに抗議があった場合、プレイについてを審判同士で確認し合うこともあり、複数の審判で協議する。

POINT ❹ 違反行為やマナーの注意も審判の仕事

審判は、選手や監督の違反行為にペナルティを与えるのも仕事だ。スムーズに試合を行うためルール上以外のことも注意することができる。選手の準備に時間がかかり遅延してしまう場合や、ベンチから野次がある場合などは注意を促し、スマートに試合を進めよう。

コツ02

必要なアイテムをそろえる

CHECK POINT

1. シャツの中はプロテクターでガード
2. カウントの把握はインジケーターで
3. 刷毛ブラシやボール袋も活用する
4. 靴は黒、目立たない色の服を

プロテクターなどの防具を身に付けよう

審判の中でも**とくに球審は打球が身体に当たる場合があるので、しっかりとガードするアイテムを身に着けて、正しいジャッジを行う。**

硬式でも軟式でも球審は、投球やファウルボールが当たる危険性があるのでシャツの下にプロテクターをつけて上半身を守る。下半身は、ヒザから足首までをガードするレガースを装着。顔にはマスクをはめる。1球ごと投球を判断するので、視界を遮らないよう顔に合ったものを使用する。

靴は黒色が基調と決められている。これは塁審も同じだ。球審はツマ先を保護するため、鉄芯が入った靴が主流となっている。また身体を保護するだけでなく、ダイヤルをまわしてカウントをとるインジケーターも必需品だ。

POINT 1 シャツの中はプロテクターでガード

プロテクターは、大きな長方形の板状の防具を両肩から吊るしてシャツの外に着けるタイプと、胸や肩まわりににフィットしやすく、その上からシャツを着るインサイドプロテクターがある。最近では、動きやすいインサイドプロテクターが主流になっている。

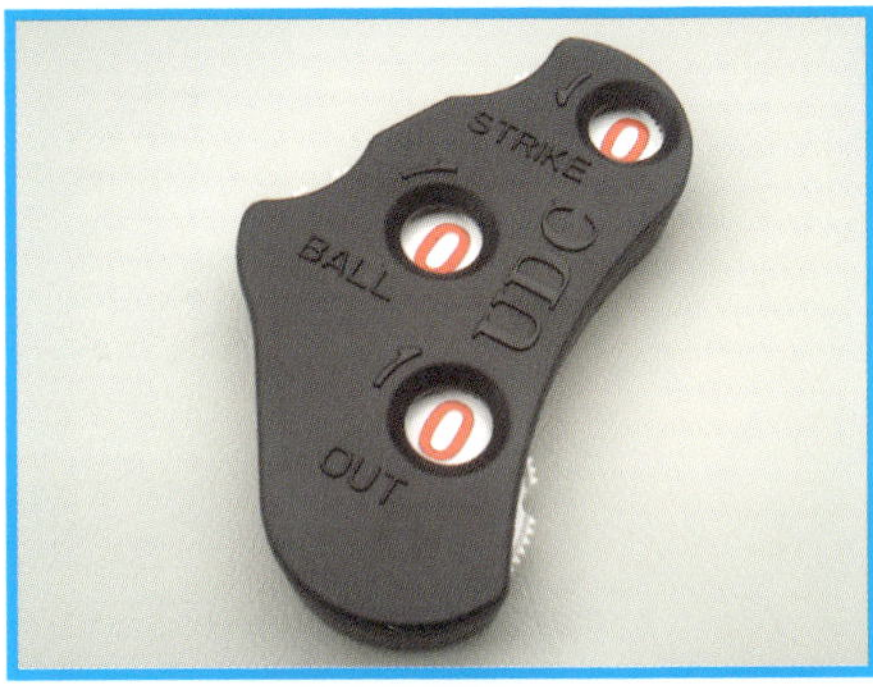

POINT 2 カウントの把握はインジケーターで

ストライク、ボール、アウトの3つカウントを、ダイヤルをまわすことで表示するインジケーターが必需品だ。試合中、球審は左手に持ってダイヤルをまわしながら、カウントをつけている。インジケーターばかりに集中しないよう、確認用として使おう。

POINT 3 刷毛ブラシやボール袋も活用する

試合がスムーズに進むように審判が持っていると便利なアイテムがある。ホームベースが汚れて見えにくいときは、ブラシで掃こう。試合中は、汚れた球を交換するので、球の入った審判用ボール袋をベルトから吊るし、そこから球を選手に渡すとよりスムーズだ。

POINT 4 靴は黒色を基調目立たない色の服を

審判を急に頼まれた場合、持っている服や靴の中から選ぶことになるだろう。投手の視界に白やカラフルな柄があると投げにくいので、なるべく地味な淡色の服と長ズボンで行おう。公式戦の場合は靴の色は黒を基調とすることで決められている。

コツ03

審判の基本配置を覚える

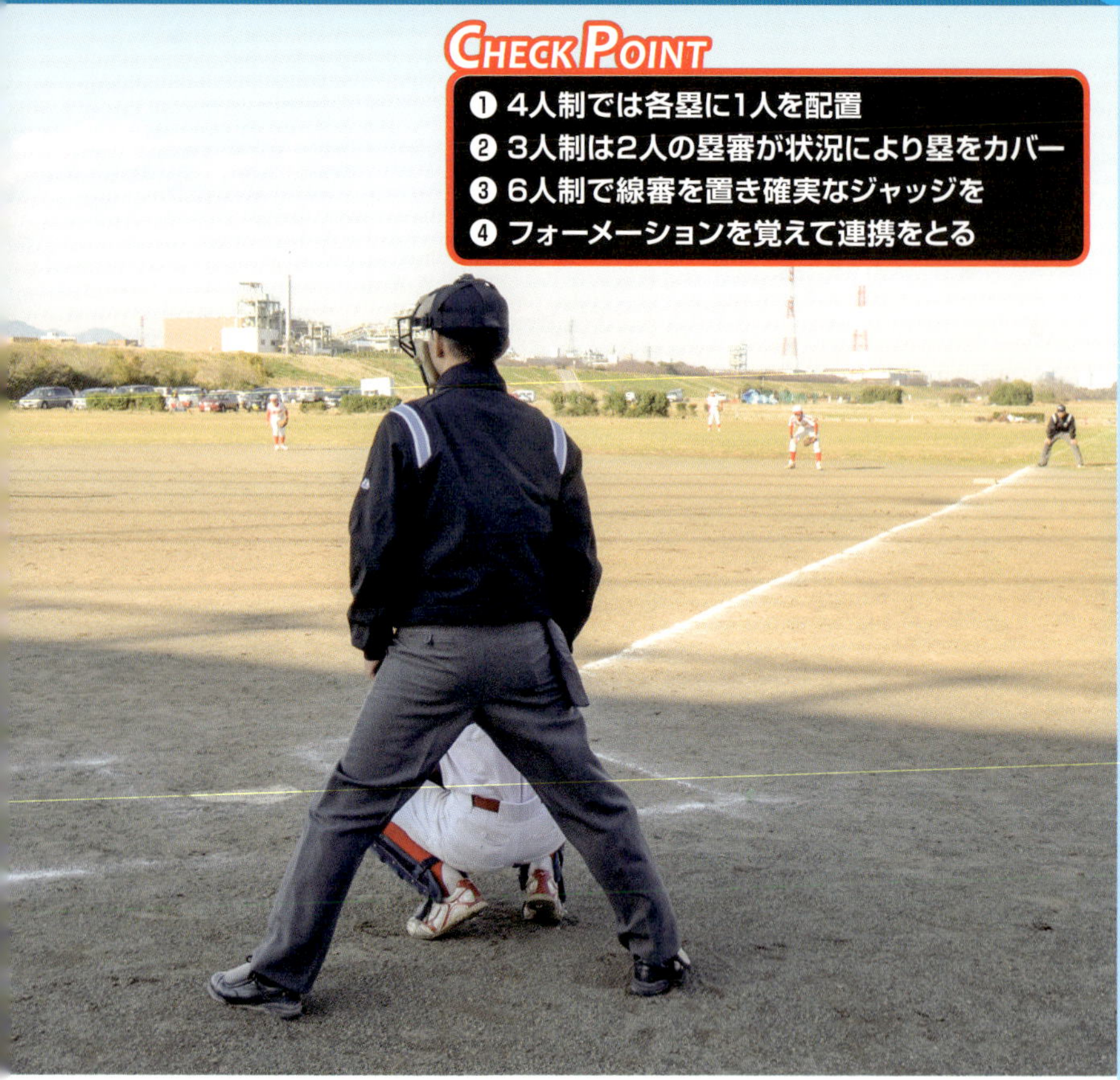

CHECK POINT

❶ 4人制では各塁に1人を配置
❷ 3人制は2人の塁審が状況により塁をカバー
❸ 6人制で線審を置き確実なジャッジを
❹ フォーメーションを覚えて連携をとる

公平な判断で球審と塁審の役割を果たそう

プロ野球の日本シリーズなどでは、外野に2人の線審も着き、6人で行われることもあるが、基本的には各塁に1人が着く4人制が多い。

4人制の場合、例えば走者なしで、三塁塁審が外野後方までの打球を追えば、球審が三塁をカバーする。

ジャッジが必要とされる塁に移動するフォーメーションでカバーし合い、動かずに1つの塁をジャッジするわけではない。**2人、3人制の場合も球審は必ず置き、次にジャッジの多い一塁塁審を優先に置いて、走者の状況によって動きカバーし合う。**

同じ塁のプレイを2人の審判がジャッジしてしまったり、塁が空かないようにすることが重要だ。ジャッジの回数に差はあるか、重要度はどの塁審も同じである。

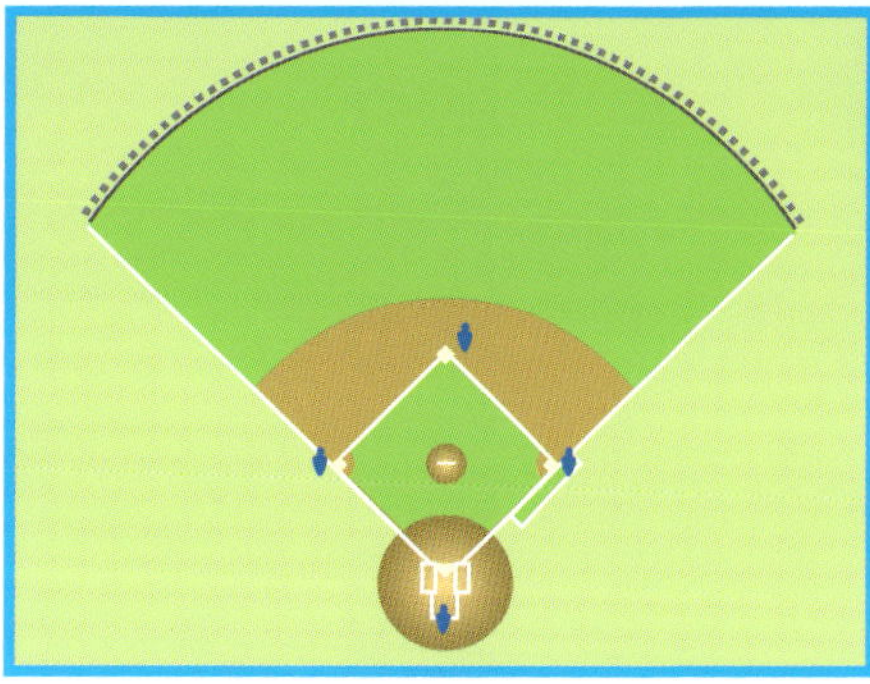

POINT ① 4人制では各塁に1人を配置

4人制では本塁を球審、一、二、三塁に塁審がそれぞれ1人着くのが基本の形だ。ただし一塁に走者がいる場合は、盗塁や進塁で二塁ベースでジャッジする可能性が高いので、二塁塁審が手前に移動するなど、状況により位置を変える。打球により他の塁をカバーすることも多い。

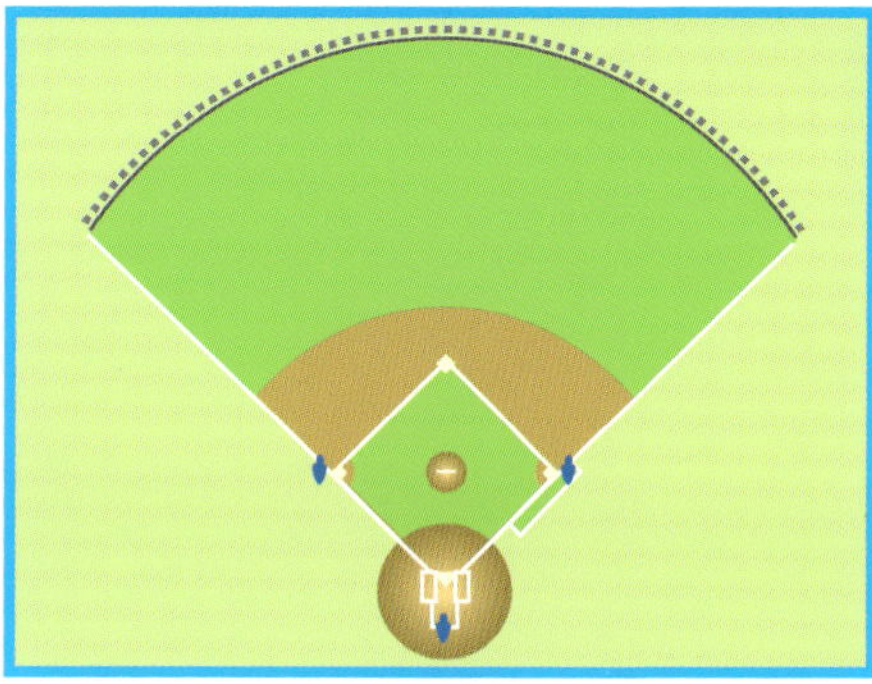

POINT ② 3人制は2人が状況により塁をカバー

3人制の場合は、走者がいないときなどは、最もジャッジをすることが多い一塁塁審を優先的に置き、三塁塁審が三塁を移動してジャッジすることもある。走者やカウントの状況により、一塁塁審が、一、二塁間でどちらも判定することもある。

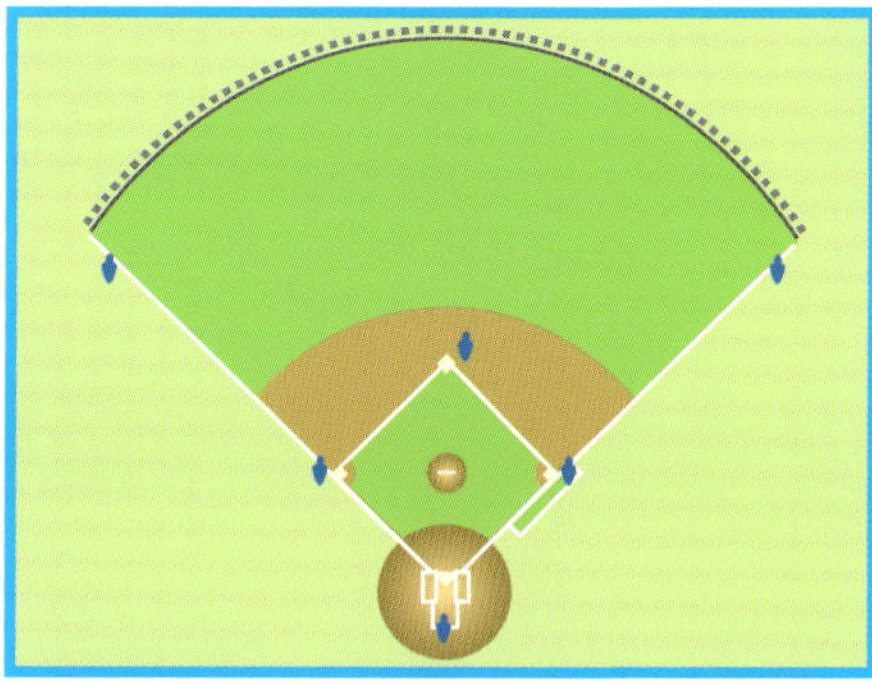

POINT ③ 6人制で線審を置き確実なジャッジを

プロや社会人野球の大きな試合の場合、打球が外野フェンスを越えたか、フェアかファウルかを確実に見極めるために、6人制でジャッジをすることがある。少年野球でも外野の奥が建物や川原などの場合、線審がついてもよい。

POINT ④ フォーメーションを覚えて連携をとる

イニングの最初は基本の形で各塁に塁審がいるが、走者や打球の状況によって判断する範囲が変わるのでフォーメーションを覚えよう。場合によっては、三塁塁審が外野の打球を追い、球審が三塁に入り、一塁塁審が本塁に入ることもあるので動きを理解しよう。

コツ+α

審判の面白さ、堂々とジャッジできるコツを知る

お父さんが積極的に審判に取り組めば、子どもたちがプレイしやすい環境づくりにつながる。

日本での審判の現状と必要性を理解しよう

少年野球の公式戦などでは大会本部が審判を要請していますが、小さな大会や練習試合では、各チームのコーチや父兄がもちまわりで審判をやることも多いと思います。子どもの試合の応援に来て、審判が足りないからと言われ、無理矢理にやらされることも……。ルールが曖昧のまま、嫌々やる「お父さん審判」も少なくありません。「ここで、アウトかセーフを見るだけだから」と塁審を頼まれても、実際に際どいプレイが起こってジャッジしたときに、監督や父兄から抗議をされることもあります。頼まれて善意でやったのにも関わらず、批判を受け、もう次はやりたくないと悪循環に陥ってしまいます。せっかく、日本では野球の競技人口や試合数が増えているのに、このような悪循環で審判が足りていないのが現状です。

アメリカでは審判を養成する専門学校もあり、審判の数も質も日本と比べて高いのです。日本では審判を育成するようなシステムが確立されていないことも原因のひとつといえます。

我々のＮＰＯ法人「Umpire Development Corporation」は、野球審判育成のための講習会やセミナーを開催している組織です。（注：２０２０年

解散）審判の活動や技術の向上に必要な情報を提供しています。「お父さん審判」へは本書のような実用書を通して情報を提供し、正しいジャッジのできる審判になってもらいたいと思います。

誰でも正しいジャッジができれば、子どもたちの試合で、審判が足りず困ることがなくなり、少年野球の普及にも繋がるわけです。そのような気持ちで前向きにルールや審判の動きを覚え、取り組んでほしいと思います。

少年野球の審判には、ルール上のジャッジに加えて選手を指導する役割もある。

まずは野球のルールを覚え動きやマナーにも気を配ろう

だいたいの野球ルールは知っているから大丈夫だと思っている人も多いはずです。そう思っていても審判としてのルールや動きは全く知らず、いざやってみると、誰も判定する人がいない塁でプレイが起きたり、走塁妨害なのか、守備妨害なのかの判断ができないということが起こります。プロ野球の審判の経験者でさえ、審判をやるまでルールブックの原本を見たことがないという人がほとんどです。

書店でルールブックを販売し出したのはつい最近のことです。審判がルールを覚えることは欠かせません。まずは規定を理解し、審判経験者に聞きながら、正しいルールを覚えましょう。そして審判の動きのメカニズムとフォーメーションも合わせて頭に入れていきましょう。塁のカバーなど、決まった動きがあります。パターンを覚え、状況判断できるようになれば怖いことはありません。

しかし、審判はルール上のジャッジをすることだけが仕事ではなく、とくに少年野球では指導者的な役割も担っていることも理解しましょう。

試合中は監督がエキサイトしてしまう場面もあります。試合中に何度もベンチから出てきて叱咤激励をしたり、何度もタイムをかけたり。このような回数や時間の制限はルールブックにはありませんが、行きすぎる場合は監督にも声を掛け、お互いマナーを守って、スムーズに試合を進めていくことも大切です。

ここ数年の少年野球の傾向として、指導者が勝利至上主義になっていることが見受けられます。スポーツはただ勝てばいいというわけではありません。その点からも指導者にマナーを守ってもらうように心掛けるのも大事な審判の務めだと思います。

最高の特等席でジャッジ！試合をコントロールする醍醐味

審判は試合をコントロールすることが役目です。日本では黒子というイメージ

スムーズに試合を進めるためには、マナーを重んじることが大切。試合をコントロールする意識を持って、ジャッジに取り組もう。

審判は状況別や選手のレベルに合ったジャッジが求められる。

ですが、裏方ではなく、球審が中心となり試合を進めなければいけません。子どもに指示や注意をするのも役目です。

マナー違反である「サイン盗み」や意図的に野手のプレーを惑わすような行為については、それがルールで禁じられていないプレーであっても、審判は選手に注意し、あらためるよう促すことも大切。またグラウンド上や選手の動きに目を光らせ、怪我を未然に防ぐ必要があります。とくに子どもの試合は怪我なく安全に試合を進めることが重要。それをコントロールするのも審判の責任です。

ルールブックを頭に入れ、その通りに進めることは当然ですが、それを全部、子どもの野球に適用し求めてしまうと進行できないこともあります。例えばルールブック通りにプロ野球と同じ範囲のストライクゾーンのジャッジをしていたら、フォアボールを連続してしまうこともあります。

アメリカの小中学生の野球では、年代

ごとのルール内規があり、ストライクゾーンなども子どもに合った考え方をしています。日本でも、各リーグ、組織で内規を持っているので、その点も理解して試合をコントロールしましょう。

野球をやっている人や観ている人は、勝たないと面白くないという人もいます。審判として野球の試合に参加することは、勝ち負けに関係なく野球に触れられるのも良い点です。自分のコールひとつで試合が右にも左にも動くので、責任とやりがいがあり、試合が終わったときの充実感は大きいものです。

それと、捕手のすぐ後方で投手の球を見ることができたり、グランドの中から試合を見られるのも面白みがありますね。一番の特等席で野球を見ているのが審判ですから。

「お父さん審判」が、正しいジャッジをすることで、子どもの野球の成長や普及に役立つと思います。この醍醐味をぜひ味わってみてください。

審判として試合に参加することで、より深く野球と関われるようになる。審判ならではの楽しさを感じよう。

CHECK POINT

- 審判が不足している
- 正しいルールを覚えることが大前提
- フォーメーションを覚える
- 学童野球では指導者的な立場も求められる
- ルールだけでなく、マナーの注意も必要
- 試合を審判がコントロールして前に進める
- 怪我なく、安全に試合を運べる配慮を
- 学童野球のレベルに合わせたルールを適用
- 野球を通して子どもの成長を支える存在である
- 怖がらずに、積極的に審判の経験を積む

PART 2

球審完全マスター

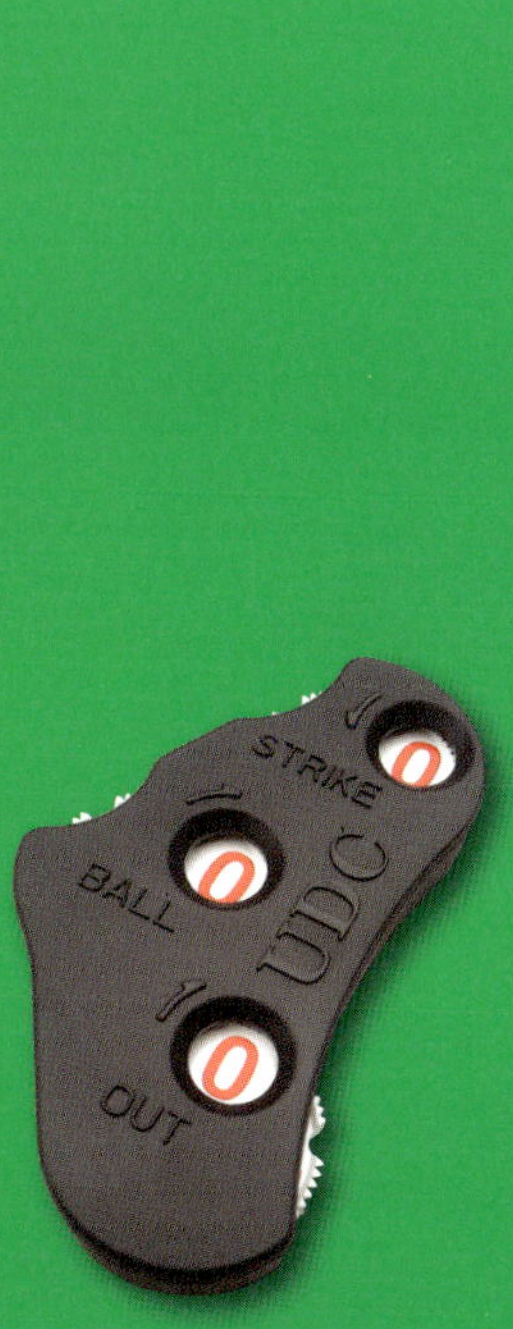

コツ04

ジャッジしながらゲームを運営する

CHECK POINT
1. ストライク、ボールのコールは明確に
2. フォースアウトになるかタッチアウトか心構えを
3. キャッチャーの動きでフライの方向を確認

ホームベース付近でグランド全体を見る

球審は試合の運営を司る重要な役割を持つ。常にゲームをコントロールし前に進めることを心掛けよう。通常は捕手の後方に立ち、グランド全体を見渡せる位置をとる。**ボール、ストライクの見極めや、1塁、3塁ベースの手前までのフェア、ファールの判定など、打者に関わるたくさんのことをジャッジする。**

本塁でのセーフ、アウトの判定や、打球方向が塁審の位置よりも近い、バックネット側のファウルフライの見極めも球審の範囲になる。

そのほか、両チームからメンバー表を受け取り、代打や守備交代の確認、許可をするのも仕事だ。守備交代時に複数のプレイヤーが入れ替わる場合は打順をしっかり確認しよう。

POINT 1 ストライク、ボールのコールは明確に

1試合で両チームの投手が投げる球は200球以上になることもあり、1球ごとに判定をするストライク、ボールの判定は明確ですみやかなジャッジを心掛ける。空振りストライクのように声を出さずにジェスチャーだけのものもあるので動きにメリハリをつけよう。

POINT 2 フォースアウトになるかタッチアウトか心構えを

本塁でのセーフ、アウトの判定も球審の役割だ。特にランナーが3塁にいる場合は、捕手が後逸した場合など走者が本塁を狙ってくるので、カウントだけに気を取られないように。フォースアウトかタッチアウトか状況を考えて、見やすい位置を事前にイメージしておく。

POINT 3 捕手の動きを見ながらフライの方向を確認

フライの場合、審判も球ばかりを追ってしまうと捕手と衝突してしまうことがある。マスクを取ったら、球を捕りにいく捕手の動きを見て、接触しない位置で打球を確認する。バックネットに球が触れた場合はファウルになるので、その点も見逃さないように。

+1《プラスワン》 アドバイス こどもたちがミスをしないようにチェック

学童野球のときは、監督の指示と違ってほかの選手が守備についていたり、コールの前に打席に入ってしまったり、子どもならではのミスもあるので、メンバー表と照らし合わせ、確認をしよう。複数の選手が守備交代をする際は、慌てず打順も見直すこと。

※「タッチアウト」→正確な英語は「タッグアウト」

コツ05

球審のジェスチャー①

ジャッジをジェスチャーとコールで表す

CHECK POINT

❶「ストライク」見逃し時はコールする
❷「ボール」首や頭を動かさない
❸「ファウル」「タイム」はマスクの外し方に注意
❹ フェア、ファウルはラインをまたぐ

基本姿勢をキープしてジェスチャーを行う

球審はアゴの位置が捕手の頭の上になるように腰を落として合わせ、ベース全体が見えるように打者と捕手の間に位置してジャッジすること。この基本姿勢を保ち、ボールの時は体を動かさず「ボール」とコールする。ストライクのときは腰を伸ばして、見逃しストライクのみコールする。**右手を握って頭の高さまであげ、選手に伝わるようメリハリのある動作でジェスチャーをしよう。**

フェアを示すときはファウルラインをまたぎ、フェアゾーンを指差す。ファウルとタイムのときは、左手でマスクを外して持ちながら、両手を頭の高さまであげる。そのほか、デッドボール、ハーフスイング、ノーランスコアなど状況別のジェスチャーを頭と体で覚えよう。

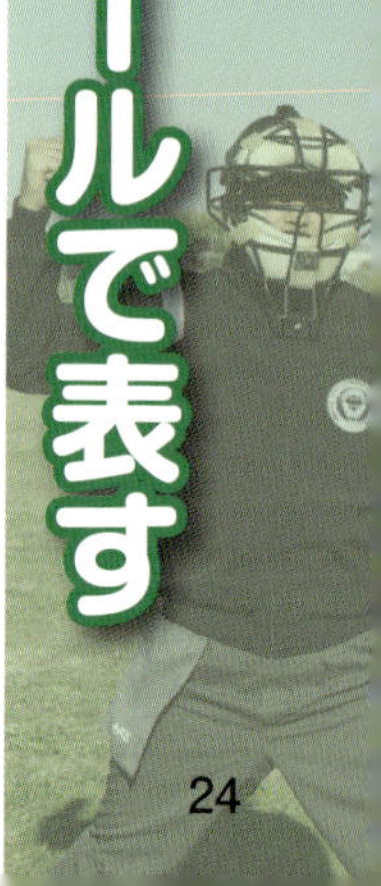

POINT ❶ 「ストライク」見逃し時はコールを

かがんでいる基本姿勢からすばやく腰を伸ばす。捕手が捕球しているミットから目を離さないこともポイント。右手を軽く握り頭の横くらいまであげる。見逃しストライクのときは「ストライク」と大きな声でコールする。空振りストライクはジェスチャーのみ。

POINT ❷ 「ボール」は首や頭を動かさずに

ボールのときは、基本姿勢の状態のまま「ボール」とコールする。頭や首が動きがちだが、構えた姿勢から動くことなく、そのままの状態でコールする。動きがないので、口を開けて大きな声でコールしよう。

POINT ❸ 「ファウル」「タイム」マスクの外し方に注意

ファウルとタイムは動きが同じになるので、はっきりとコールしよう。両手を頭の高さまであげてY字をつくる。マスクを外して左手に持つので、インジケーターを薬指と小指で挟み、親指、人差し指、中指でマスクを持ち、落とさないように気をつけよう。

POINT ❹ フェア、ファウルはラインをまたいで

基本姿勢のときは捕手の後ろに立っているが、打球の行方を確認しながら移動し、ファウルラインをまたいでジェスチャーし、きびきびと動こう。三塁側なら右手、一塁側なら左手でフェアゾーンを指差す。「フェア」の声を出さなくてもよい。

クロスプレーなど際どいジャッジが必要になる場面では、最もプレーを見やすい位置にすばやく移動し、正確な判定を行う。

CHECK POINT

⑤「アウト」は右手をしっかりあげる
⑥「セーフ」は両腕を水平に開く
⑦「デッドボール」は当った場所を示す
⑧「ハーフスイング」は塁審に確認する
⑨「ノーランスコア」は腕でクロスをつくる

POINT 5 「アウト」は右手をしっかりあげる

「アウト」と大きな声でコールしながら、右手を軽く握り、頭の横くらいの高さでやや前にあげる。ストライクのジェスチャーとほぼ同じだが、本塁でのジャッジは際どいタイミングも多く、見やすい位置に回り込んで的確に判断することが重要だ。

POINT 6 「セーフ」は両腕を水平に開く

基本的にはマスクを左手で外して持ち、両腕を胸の高さで横に開く。腕は水平になるように。タイミングはアウトでも捕手が落球してセーフになる場合もあるのでよく見極め、慌てずにはっきりと「セーフ」のコールをしながらジェスチャーしよう。

POINT 7 「デッドボール」は当たった場所を示す

まずはファウルのジェスチャーで両手をあげる。次に打者に球が当たった場所を自分の体で指し示してから右手を一塁に向けてあげ、打者を促す。ファウルとジェスチャーも同じなので体に当たっていることをしっかり見極めて「デッドボール」のコールをしよう。

POINT 8 「ハーフスイング」は左手で塁審を差し確認

ハーフスイングの判断がしにくい場合、右打者なら一塁塁審、左打者なら三塁塁審を指して確認する。ストライクと区別するために必ず左手で差す。塁審がスイングと判断してストライクのジェスチャーをとったら、球審もストライクのジェスチャーをする。

POINT 9 「ノーランスコア」は腕でＹ字をつくる

ホームインより3アウト目が早かった場合、顔の前で腕をクロスさせた後、Y字をつくるように両腕を開くジェスチャーで、得点が認められないことを示す。バックネットの方を向き、記録員にも「無得点」または「ノーランスコア」と告げること。

+1《プラスワン》アドバイス 動きのメリハリと声量のないジャッジはNG

動作が小さかったりメリハリがないと、判定がわかりづらく選手を混乱させてしまうので注意が必要だ。声量が小さい、ストライクからボールに判定を途中で変更するなども、ゲームをコントロールする上でNGとなる行為だ。

コツ06

ストライクゾーンに入っているか判定する

CHECK POINT
1. スイングか否か基準は審判の判断
2. ストライクゾーンは打者の姿勢で決まる
3. 捕手の捕った位置を最後まで見届ける

ストライクボールの判定は頭を適正な高さにする

球審はアゴが捕手の頭の上にくるように合わせ、球がホームベース上を通過し、捕手のミットに入るまで見える場所で確認する。

ストライクゾーンとは、打者の肩の上とズボンの上部との中間点を上限とし、ヒザ頭の下部を下限とする高さ内でホームベース上の空間を指す。ホームベース上を球の一部がかすめればストライクとなり、それ以外はボールとなる。

打者が空振りしたときもストライクとなり、3ストライクでアウトになる。3ストライクより先にボールが4つになるとフォアボールで打者は一塁に進むことができる。投手の球種を予想すると判断が曖昧になるので、顔をぶらさず目だけで球をしっかり追って判定しよう。

POINT ① スイングか否か基準は審判の判断

ルールブック上は、打者がスイングしたか否かの基準はなく、球審の判断がすべてになる。打者のスイングが微妙でハーフスイングとなった場合、球審がスイングではないと判定をしても、守備側から要請があれば塁審に確認することもある。

POINT ② ストライクゾーンは打者の姿勢で決まる

ストライクゾーンの高さは規定の通りだが、打者が立っている体勢ではなく、投球を打とうとしたときの姿勢で判断する。ホームベース上を球の一部がかすめればストライクとなるので、とくに変化球は球の軌道をしっかり見極めること。

POINT ③ 捕手の捕った位置を最後まで見届ける

捕手がミットを動かす場合があるが、動きにまどわされず捕球した位置で判断しよう。心理的にはボールをストライクに見せたいときにミットを動かすことが多い。子どもの場合はスムーズに試合が進むようストライクゾーンを広めに考慮しても良い。

+1《プラスワン》アドバイス 球とミットの位置を確認できる体勢で

捕手の頭や打者の手などで打球が隠れてしまわぬように、捕手と打者の間に顔を持っていくように位置どる。基本姿勢が悪いと覗き込むようになることもあり、判定ができないだけでなくプレイの邪魔になってしまう。捕手や打者の体型も確認して合わせよう。

コツ07

スイングとフォアボールを判定する

スイングや死球の見極め

CHECK POINT

❶ ファウルチップは音で聞き分けよう
❷ ハーフスイングは複数で見極めの練習を
❸ ワンバウンドかどうか捕手のミットに注目

ハーフスイングなど打者のプレーを見極める

スイングの定義はなく、球審がスイングと見なしたときは、打者・攻撃側監督は塁審に確認のリクエストをすることはできない。投球がボールと判定されたときのみ、一塁または三塁塁審にリクエストを求めることができる。

ファウルチップや死球の判断は難しく、バットや体に当たるときの音で聞き分けよう。打者が故意に球に当たりにいった場合はデッドボールにならないので注意。バットに球がかすった後、捕手に当たり地面に落ちる前に捕手が捕るとファウルチップとなり、ストライクと見なされる。2ストライク後のファウルチップはカウントされ三振となるが、キャッチャーが捕球できずに地面に球が着いたときはファウルとなるので気をつけよう。

POINT ❶ ファウルチップは音で聞き分けよう

ファウルの飛球が野手に直接捕球されればボールインプレイ。それ以外は、ランナーは元の塁に戻される。ファウルチップはボールインプレイになるので間違わないように。

POINT ❷ ハーフスイングは複数で見極めの練習を

ハーフスイングのときは打者の動きに気をとられがちだが、ストライクゾーンで捕球している場合はストライクなので、まずコースを確認すること。スイングには明文化された基準がないので、日頃から審判仲間とハーフスイングのジャッジを確認し合うのも大切だ。

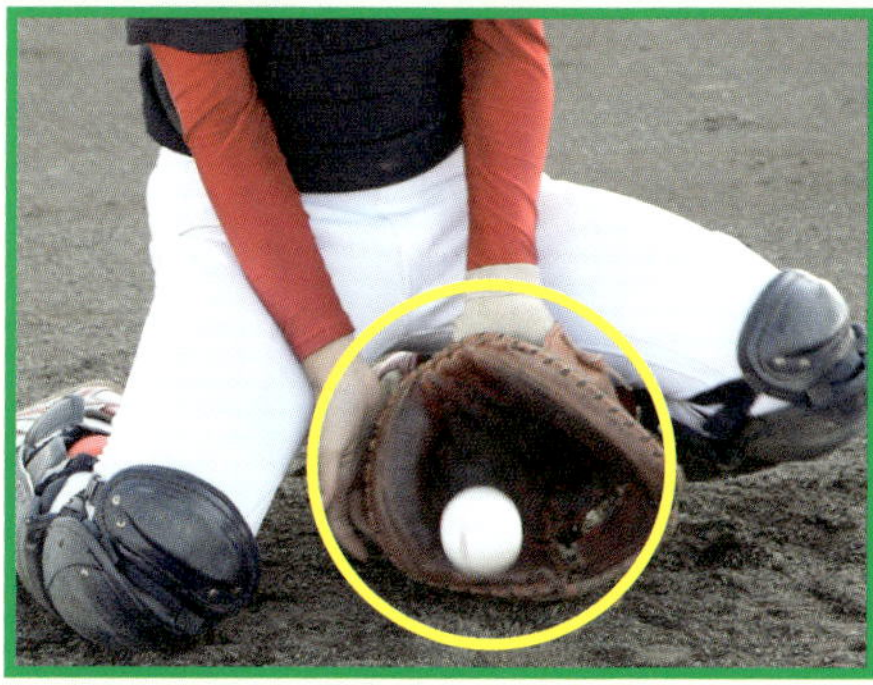

POINT ❸ ワンバウンドかどうか捕手のミットに注目

ファウルチップは捕手が捕球したときに成立する。打者がスイングした後、捕球する前に地面に着いたらファウルになるので目を離さずに確認しよう。捕手がミットを上からかぶせているだけのときは捕球と見なされないので、ミットの動きもチェックしよう。

+1《プラスワン》 アドバイス 目だけでなく耳を使い時には選手への確認も

デッドボールは打者の体の一部だけでなく、球がユニフォームをかすめた場合も判定される。判断が難しい場合もあるが、球が布をこする音を聞きとれるように意識する。場合によっては打者に当たったと思われる部位を見せてもらい再確認しても良い。

CHECK POINT
❶ ランナーとボールを予測して見やすい位置で
❷ マスクは前に出して上に持ち上げる
❸ 3本の指でしっかりマスクを持つ

コツ08

クロスプレーの見極め

際どいクロスプレーを見極める

走者の動きを読み見やすい位置で判断する

ホームでのプレイは、野手が手またはグローブでボールを持った状態で走者の体に触れる、タッチ（タッグ）プレイと、野手がボールを持った状態でホームベースに接触すれば良いフォースプレイとがある。フォースプレイのときは走者とボールのどちらが速いのか見やすい位置に入るように。タッチのときは**基本は3塁とホームを結ぶ延長線上にいることが理想だが、走者がベースを回りこんでくる場合、走者の動きを見ながら一塁寄りに動くとわかりやすい。**

コリジョンルール導入により、ホームベース上でのクロスプレーで、キャッチャーは「ブロック」と「ランナーの走路の妨害」を禁じている。送球が逸れた場合でも、激しくタッチにいけばランナーはセーフとなり、得点が認められることがあるので注意。

POINT ❶ ランナーとボールを予測して見やすい位置で

走者が三塁をまわったときに、ふくらんで走ってくるか、直線的に向かってくるかで、ジャッジしやすい位置を読んで動こう。走者がまわり込み、タッチをかいくぐったり、野手が落球したりすることもあるので最後までじっくり確認する。

POINT ❷ マスクは前に出して上に持ち上げる

際どいクロスプレーも多く、マスクをかぶったままだと判断しにくいのでマスクは左手で外しておく。一度マスクを顔の前に出すイメージで、顔とマスクの間にすき間を作ってから上に持ち上げる。このときも球がどこにあるのか意識しながら行う。

POINT ❸ 3本の指でしっかりマスクを持つ

左手の薬指と小指でインジケーターを挟み、親指から中指の3本の指でマスクを外して、持ったままジャッジをする。タイミングの際どいプレイは選手と接触しないように気を付けながら、球とベースの近くまでできるだけ寄って正確な判断をしよう。

+1《プラスワン》アドバイス ベース近くのバットは危険なので除けておく

通常審判は用具をベンチに下げたりしないが、危険が伴う場合には除けておこう。走者が3塁にいるときなど、本塁に還ってくる可能性が高いときにはバットの位置にも気を配ろう。ただし、バットをよけるのは審判の義務ではない。

コツ09

打球の追い方、捕球の確認

選手の動きを見ながら捕球を確認

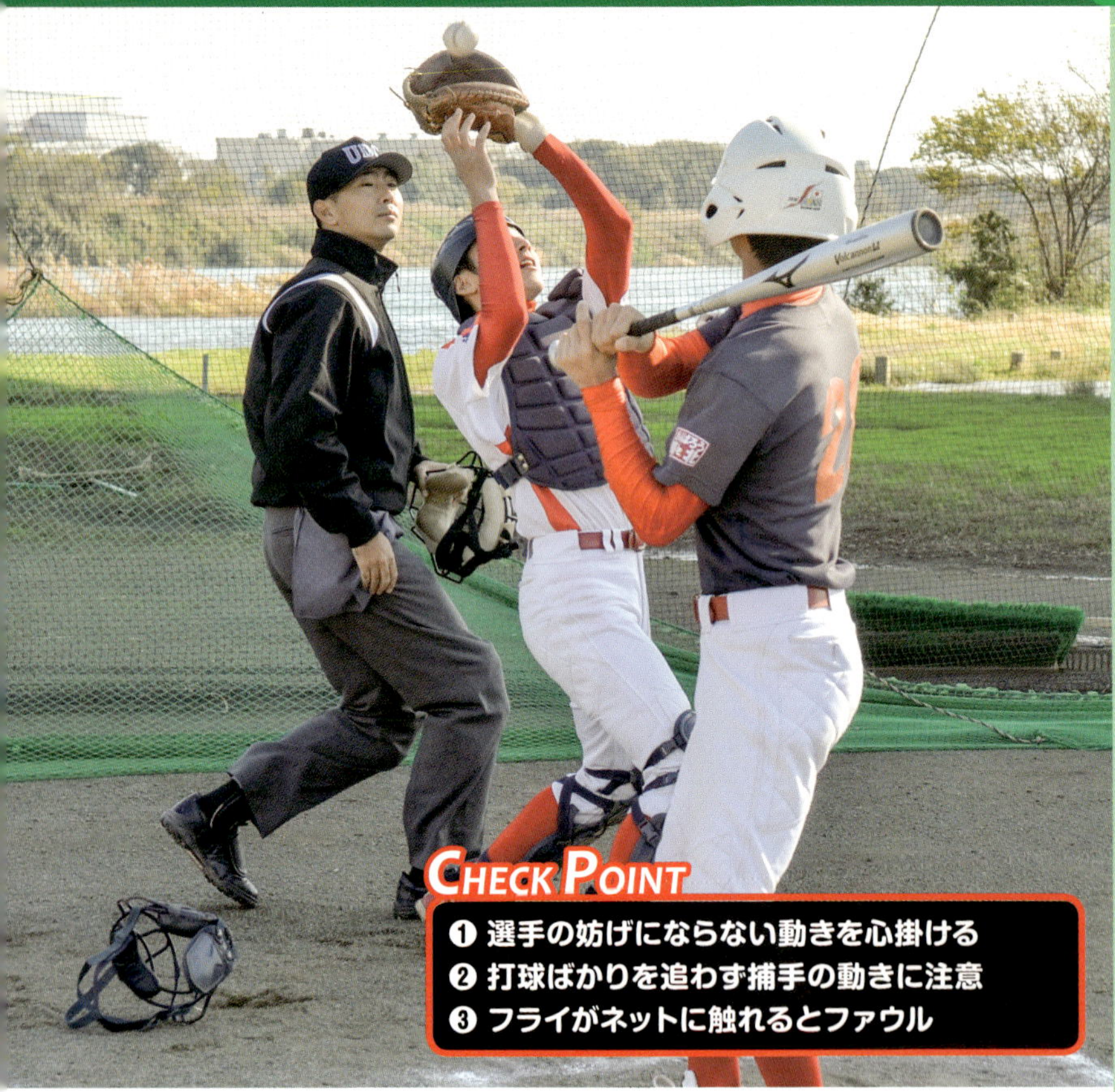

CHECK POINT
1. 選手の妨げにならない動きを心掛ける
2. 打球ばかりを追わず捕手の動きに注意
3. フライがネットに触れるとファウル

捕手の動きを考え捕球の確認をする

フライなどノーバウンドの打球の捕球を確認する場合、球審も球だけを追ってしまうと、捕手（野手）と接触してしまう可能性がある。とくに本塁付近に球があがったときは、**焦らずに捕手が追った方向を確認し、少し距離をあけた位置で捕球の判断をしよう。**野手がグローブや素手でしっかりと捕り、球をコントロールできていれば捕球とみなし、右手をあげてアウトのジャッジをする。野手が捕球する前に、球がバックネットに触れた場合はファウルとなる。

ライン際で落球した場合、フェアかファウルかの判断もするので、ファウルゾーンをまたいでジャッジしよう。軟球のフライやゴロはファウルゾーンからフェアゾーンに戻る打球もあるので注意が必要。

POINT 1 選手の妨げにならない動きを心掛ける

球の落下地点に向かってしまうと捕手（野手）の守備範囲を妨げてしまうことがある。捕手の動きを把握し、ある程度距離をとって見守る。しっかりとした捕球を確認するために捕手の背後にならないように、なるべく正面や横から判定すること。

POINT 2 打球ばかりを追わず捕手の動きに注意

慣れないと打球を目で追い近寄ってしまいがちだが、捕手も打球に集中しているので、衝突してしまうケースもある。打球によっては一塁手や三塁手など複数の野手が追っていることもあるので、先に野手の動きを見てから動く方向を考えよう。

POINT 3 フライがネットに触れるとファウル

ノーバウンドで捕球する前に、球がバックネットなどに触れるとファウルとなる。ネットなどに触れた球を捕球してもアウトにはならないので、ファウルとわかった時点ですみやかにジャッジしよう。試合前にネットからの距離を把握しておくと感覚をつかみやすい。

+1《プラスワン》アドバイス 打球によっては球審と塁審で挟んで確認

ファウルボールの判定の範囲は決まってはいないが、基本的にバックネット側のファウルボールは球審がジャッジする。一塁、三塁ベース寄りに打球が飛んだ場合、塁審と捕球体勢に入る野手を挟むようにして両方向から確認し、1人の審判がコールしよう。

コツ10

ゲームをコントロールし前に進める

CHECK POINT

1. 得点かどうか判断し記録係に伝える
2. 攻守交代もすみやかに試合を前に運ぶ
3. 監督の申し入れを受け選手の交代を把握

試合を取り仕切り 滞りなく進行させる

審判の役割は、試合をコントロールし、前に進めること。とくにアマチュアの試合では、**試合が時間制になっていることが多く、攻守の交代やジャッジに対する抗議などに余分な時間を費やさないように、進めることが求められる。**試合中も1球ごとに打席を外す打者や、不必要なけん制球を繰り返す投手などには注意をし、スピーディーに試合を進めていこう。

試合前に両チームのメンバー表を受け取り、出場選手の打順や守備位置を把握するのも役目だ。選手が交代するときは、監督の申し出を聞き、守備位置や打順を再確認する。すべての権限は審判にあるので、試合を取り仕切り、中立な立場で滞りなく試合を進行しよう。

POINT 1 得点かどうか判断し記録係に伝える

試合を進めていく上で得点が入ったか否かの判断は重要だが、ルール上は審判が得点を記録する義務はない。走者が生還し得点が入ったときは、記録係に伝える。練習試合などで記録係がいない場合は、スコアボードの表示と合っているか目を通しておこう。

POINT 2 攻守交代もすみやかに試合を前に運ぶ

プレイ中に遅延行為が行われないよう進めるのが役目だが、イニング間の攻守交代や投球練習もすみやかに行われるよう注意を促す。時間制の場合、次の回に入るかどうか1分が鍵を握ることもある。ベンチにいる選手に呼びかけてスピーディーに進めるのも仕事。

POINT 3 監督の申し入れを受け選手の交代を把握

選手の交代の申し入れがあった場合は、試合前に受け取っているメンバー表に守備位置と打順を書き込み、照らし合わせる。特に子どもの場合は間違っていないか確認が必要だ。交代時もベンチにいる選手がすみやかに打席、守備に入れるよう促す。

+1《プラスワン》 アドバイス 必要以上の抗議や暴言は退場処分に

監督、選手からジャッジに対する質問や抗議があった場合、質問に答え1度説明し終わったら、プレイの再開を促す。その後も執拗に抗議が続くときや、審判の体を押すなどの行為、暴言があった場合などは退場処分を言い渡すことができる。

コツ +α

インジケーターの使い方

使いやすいインジケーターを味方に

CHECK POINT

❶ インジケーターでカウントを把握する

インジケーター

野球の試合を観ているときに、審判はよくカウントを覚えているなと思ったことがあるだろう。実は審判はカウントを記録するインジケーターという用具を左手に持っている。**ダイヤル式になっていて、親指でストライクを、人差し指でボールを、中指でアウトのカウント分だけまわしていく。**しかしカウントを確認するために、インジケーターばかりに集中していると、ボークなどの行為を見逃しかねない。打者やイニングか変わり、「0」に戻したか不安になることもある。

そんな不安を解消してくれるのが写真のようなインジケーター。カウントが「0」のときは、ダイヤルの掘りが深くなっているので、目で確かめなくても指の感触だけでわかる工夫がされている。

数字の窓も大きく、初心者には使いやすい。用具も使いやすいものを選んで正しいジャッジしよう。

PART
3

塁審完全マスター

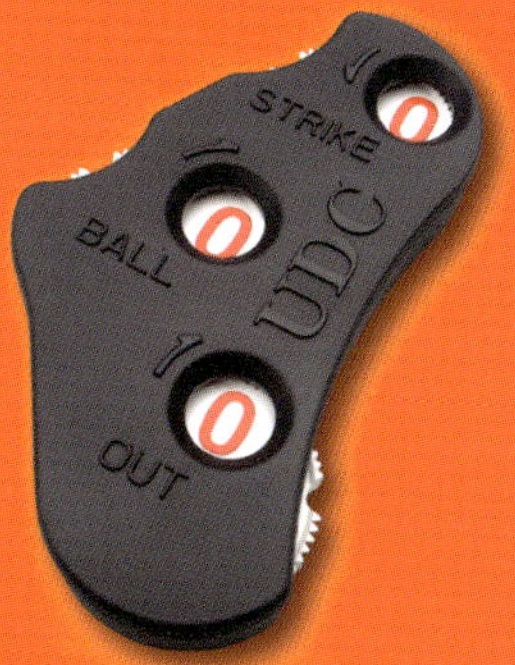

コツ11

各塁でのジャッジをする

CHECK POINT

1. それぞれの塁上でアウト、セーフの判断
2. フェア、ファウルも明確な動作で
3. 役割を分けて外野の捕球の確認も
4. ハーフスイングは塁審もジャッジする

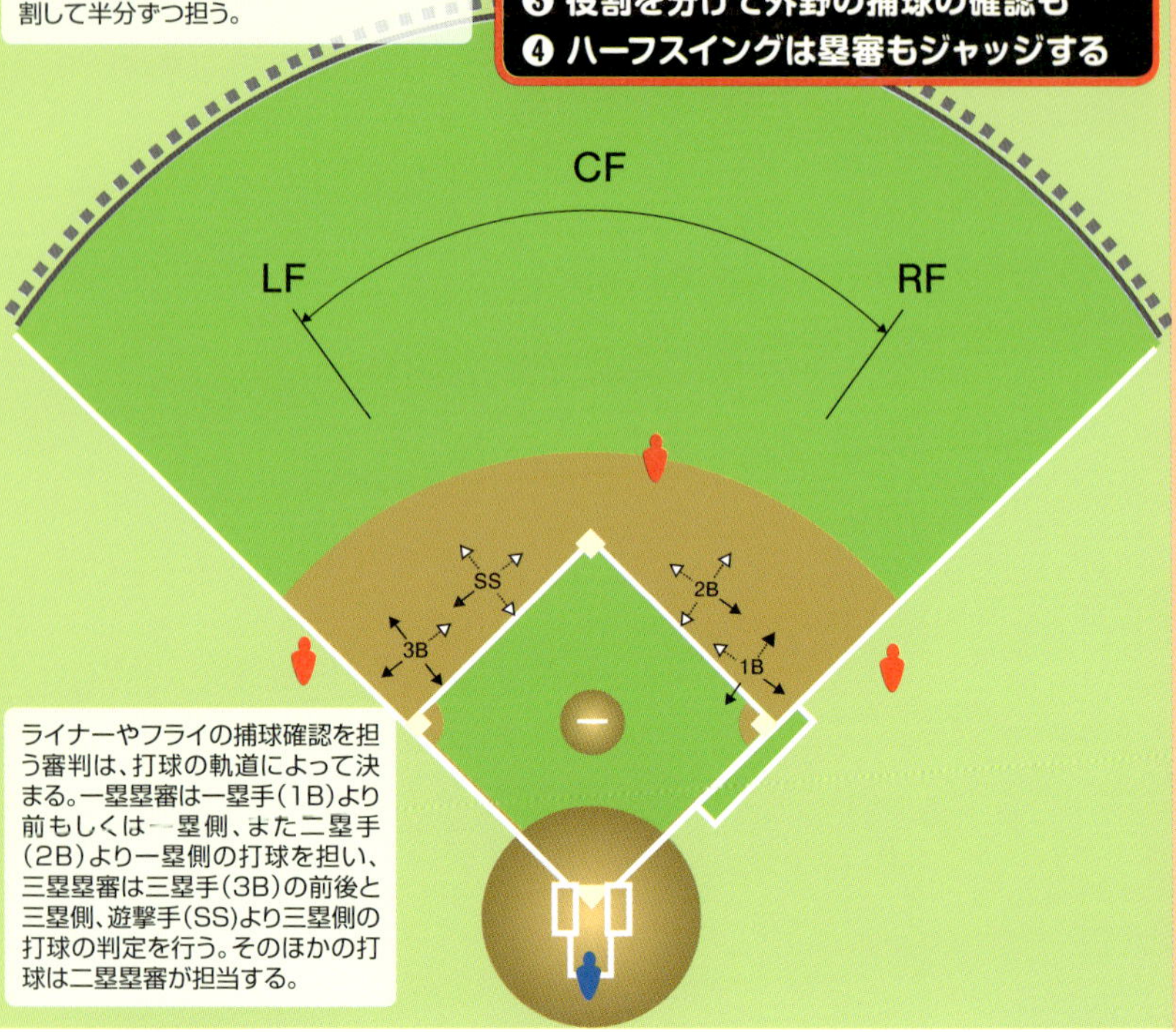

外野はライト（RF）より一塁側フェンスまでを一塁塁審、ライトからレフトまでのエリアを二塁塁審、レフト（LF）より三塁側フェンスまでを三塁塁審が担う。なお二塁塁審がダイアモンド内に入っている状況では、一塁塁審と三塁塁審が外野を二分割して半分ずつ担う。

ライナーやフライの捕球確認を担う審判は、打球の軌道によって決まる。一塁塁審は一塁手（1B）より前もしくは一塁側、また二塁手（2B）より一塁側の打球を担い、三塁塁審は三塁手（3B）の前後と三塁側、遊撃手（SS）より三塁側の打球の判定を行う。そのほかの打球は二塁塁審が担当する。

各塁でのプレイや外野の飛球も責任範囲

一般的な4人制審判での塁審は、一塁、二塁、三塁の各塁で起こるプレイのジャッジをする。走者やアウトカウントの状況によって、フォーメーションを動かして分担する。2人、3人制の場合も同じだ。**主なジャッジは各塁でのアウト、セーフ、フェア、ファウルの判定、外野の捕球の確認などがある。**そのほか、タッチアップ時の離塁の確認や、投手のボーク、インフィールドフライの宣告など、注意すべき点があるので、球だけでなく選手の動きも観察しよう。

外野の打球を追って行くことを「ゴーイングアウト」といい、4人制の場合、レフトからライトの定位置の間を二塁塁審、レフトより外側は三塁塁審、ライト側は一塁塁審が捕球の確認をする。

POINT ❶ それぞれの塁上で アウト、セーフの判断

4人制の場合、3人の塁審が各塁の付近に着き、ジャッジを行う。打者走者の判定だけでなく、走者がいる場合は、盗塁やけん制球でのタッチプレイや、タッチアッププレイの送球時の判定などがあるので、状況によってどの塁での判定になるか考えて動こう。

POINT ❷ フェア、ファウルも 明確な動作で

球審と一、三塁塁審は、打球のフェア、ファウルも判断する。スタート位置はファウル地域で、判定をするときはファウルラインをまたいでジェスチャーする。頭上を越える打球の場合は振り向いて、ファウルラインをまたぎ、大きな動作で示す。

POINT ❸ 役割を分けて 外野の捕球の確認も

プロ野球の日本シリーズなどでは、6人制を用い外野の線審がいることがあるが、通常は4人制か、それ以下なので、外野の飛球は塁審がジャッジする。基本的には打球に近い塁審が球を追うので空いた塁のジャッジをほかの塁審がカバーする。（パート4参照）

POINT ❹ ハーフスイングは 塁審もジャッジ

打者に関するジャッジは球審の役割だが、ハーフスイングはリクエストがあれば、塁審が判断をする。守備側から球審に要求があったときのみなので、毎回ジャッジをするわけではない。スイングが見やすいよう、右打者のときは一塁塁審、左打者のときは三塁塁審が行う。

コツ12

メリハリのあるジェスチャーをする

CHECK POINT

1. 「アウト」は右手を頭の横まであげる
2. 「セーフ」は両腕を肩の高さで開く
3. 「ファウル」は両腕をあげY字をつくる
4. 「フェア」は片手でフェアゾーンを指す

次のプレイを予測し明確なジェスチャーをする

塁審は球審と違い、アウトカウントや走者の状況によってジャッジをする場所が動くので、次に起こるプレイを予測してすみやかに移動し、見やすい位置でジャッジすることが重要だ。

野手の視界やプレイを妨げないよう注意し、基本姿勢は立った状態で両膝ヒザを曲げ、その上に両手を着くハンズオンニーの体勢になる。ジャッジをするときは、**右手を上げる、両腕を広げるなど、メリハリのある動作で行う。ほとんどのジャッジがコールを伴うので、大きな声ではっきりと示す。**際どく難しいプレイほど慌てがちだが、アウトの動作の途中でセーフに変わるような紛らわしいことがないよう、しっかりと頭で判断してから堂々と動作や声で表そう。

POINT 1 「アウト」は右手を頭の横まであげる

右手を軽く握り、頭の横くらいまであげ「アウト」とコールする。野手がライナーやフライを捕球したときも同じジェスチャーとなるがコールは「キャッチ」となる。動きながらではなく、近くまで行き止まった状態ではっきりわかるように示そう。

POINT 2 「セーフ」は両腕を肩の高さで開く

両腕を肩の高さまで上げ、横へ水平に開くように伸ばして「セーフ」とコールする。肘の曲げ伸ばしではなく、遠くの野手や走者にもわかるよう、腕は伸ばした状態で大きく広げよう。両腕を広げた状態でしっかり静止してからおろすように。

POINT 3 「ファウル」は両腕をあげY字をつくる

ファウルのときは手の平を開き、両手を頭のやや上にあげ、体全体でYの字をつくる。このとき、手の平を前方に向けるのがベター。腕は伸びきらなくても良い。正面を向いて打者にまで聞こえるようにはっきり「ファウル」とコールをしよう。

POINT 4 「フェア」は片手でフェアゾーンを指す

フェアを示すときはファウルゾーンをまたいで行う。フェアゾーン側の腕を肩の高さくらいまであげ、人差し指で差し示す。ファウルと区別するために声を出さない。ジェスチャーだけのジャッジになるので、よりメリハリのある動きが大切だ。

CHECK POINT
❺「インフィールドフライ」は右手で上空を指す
❻「ハーフスイング」はアウト、セーフの動作

外野の捕球確認など走って野手に近寄ることも多いが、走りながらではなく、すばやく移動し、静止してからジェスチャーをする。

インフィールドフライ

POINT 5 「インフィールドフライ」右手で上空を指す

無死または一死で、走者が一、二塁か満塁のときは、野手が通常の守備行為を行えば捕球できると判断できた場合、故意に落球し併殺をとることを防ぐため、右手で上空を指し「インフィールドフライ」と宣告ししてから「バッターアウト」とコールする。

ハーフスイング

POINT 6 「ハーフスイング」はアウト、セーフの動作

ハーフスイングの判断を球審だけでは下せない場合、塁審に確認されることがある。振っていた場合、アウトと同じジェスチャーで「スイング」または「イエス」とコールする。振っていなかった場合、「ノー」とコールしてセーフと同じジェスチャーをする。

コツ+α

ファウルラインをまたいで判定する

CHECK POINT
❶ 一塁と三塁の塁審がファウルラインでジャッジする

ファウルライン上で正しいジャッジをする

ファウルかフェアの見極めは、ベースより前は球審が、ベースより後ろでは塁審がジャッジする。ベースから外野のジャッジは塁審の仕事だ。**ファウルラインの内側がフェアゾーンとなり、ライン上や外野ポールに触れた打球はフェアとなる。**球が飛んできたら半歩程度除けても良いが、ジャッジするときはファウルラインをまたいで正確に判断する。

頭上を越えていく打球は振り返り、ファウルラインをまたいでジャッジをする。写真はまたがない悪い例。ボールが飛んできた場合は体勢が崩れても仕方ないが、すばやくフェアゾーンを指し示すクセをつけておこう。

コツ+α

野手の動きを見てカバーする

CHECK POINT
❶ 飛球の捕球確認は連携して行う

外野の捕球確認は塁審同士で連携を

外野の捕球の確認は4人制の場合、レフトからライトの定位置の間を二塁塁審、ライトから外側が一塁塁審、レフトから外側が三塁塁審の役割になる。打球の方向へ直線的に走り、なるべく近い位置で判断できるようにするが、中継プレイの妨げにならないように野手の動きにも注意。

例えば、ライトの後方まで球が飛んだときは、**2人で打球を追わず、声を出し合って1人が外野まで追う。二塁塁審が外野にゴーイングアウトした場合、三塁塁審が二塁ベースのジャッジにまわるなど、ローテーションの連携が必要だ。**塁審同士の動きを見て連携をとろう。（パート4参照）

塁審は走ることが多く、基礎体力も必要だ。ランニングなどで動ける準備をしておこう。

コツ +α

足を止めて捕球の確認をする

CHECK POINT
❶ ジャッジは足を止めて行う

打球を近くまで追い止まってジャッジを

打球を追うときは、球ばかりに集中せず、視野を広くし、野手の動きも考えプレイの妨げにならないように気を付ける。**野手が捕球体勢に入ったときは、審判は移動していても必ず止まってプレイを確認しよう。**

捕球時は、ワンバンドかノーバウンドかの確認をするが、野手が自分で球をコントロールできていなければ捕球とみなされない。捕球の基本はグローブか素手でボールを握っている状態のこと。脇に挟まっていたり、お手玉をしているときは捕球とされない。お手玉をしても、地面に着く前に改めて握り直せば捕球とみなされる。

コツ13

正しくアウト、セーフを判断する

CHECK POINT
1. フォースプレイは耳も使って判断を
2. タッチプレイは完全捕球か見届ける
3. ベースを踏んでいるか野手と走者も確認

見やすい位置でタイミングを見極める

塁審のアウト、セーフのジャッジは、野手がゴロなどの打球をとって塁に送球し、塁に着いている野手の捕球と走者の到達の、どちらが早いか判断することが多い。これにはフォースプレイとタッチプレイの場合があり、進塁しなければいけない走者が向かった塁で、球を持った野手の体の一部で触れればタッチアウトとなる。

フォースアウトは、打者がランナーになったことで押し出されてしまう走者に対する次の塁でのプレイ。**送球とベースの接触とどちらが早いか見やすい位置で判断することが大切だ。野手が球を補球したときの音など、耳も使って正しくジャッジしよう。**

フォースかタッチか状況を考え、見やすい位置に動くことを心掛ける。

POINT ❶ フォースプレイは耳も使って判断を

フォースプレイはタッチプレイと違い、球の捕球と、走者のベースの接触と両方のタイミングを見るので、間近で観察するのではなくプレイ全体で判断しなければいけない。送球がグローブに入ったときの音も頼りに耳も使って判断しよう。

POINT ❷ タッチプレイは完全捕球か見届ける

タイミングはアウトでも、完全捕球しておらず、野手のグローブから球が落ちた場合などセーフになることがある。タッチの瞬間にジェスチャーせず、ときには顔を近づけても良いので、捕球の確認をしっかりと見届けてからジャッジすること。

POINT ❸ ベースを踏んでいるか野手と走者も確認

タイミングはアウトに見えても、野手の足がベースから離れていてセーフになることもある。とくに送球が逸れた場合など野手の捕球とともに、ベースをしっかり踏んでいるか確認をしよう。その逆に走者がベースを踏んでいないこともあるので気を付けよう。

+1《プラスワン》アドバイス 同時はセーフと解釈するのがベター

ルールブックには「打者がフェアボールを打った後、一塁に触れる前に、その身体、又は、一塁に触球された場合はアウト」と記されているので、同時はセーフという解釈ができる。同時の場合のアウト、セーフの判断が常に同じで統一できるようにしよう。

コツ14
走塁妨害を理解する

CHECK POINT
❶ プレイと関わりのない選手の妨害を見逃さない

走塁妨害を理解し進塁の指示を出す

球を持っていない野手や、球を受ける行為をしていない野手が、走者を妨害したときには走塁妨害となる。例えば、外野に球が飛び、中継**プレイと関わりのない野手が、あえて走路に立って走者を邪魔する行為などは、接触がなくても走塁妨害とみなされる。**

走塁妨害が発生したときは、審判が妨害のなかった場合に進めたと推定する塁までの進塁を与えることがあるので、その際は走者に指示をする。

プレイに直接関係のない場所で起こった場合はプレイを流し、ひとつのプレイが終わってから走者に塁を与える。走者と野手が重なるときや、走者が球に近いときに起こるので、あらかじめ予測し、心構えをしておこう。

コツ 15

守備妨害を判断する

CHECK POINT
❶ 走者よりも守備優先でジャッジする

打球は守備が優先 妨害を見落とさない

打球を捕球しようとしている場合は必ず守備者が優先となるので、走者が故意でなくても野手の妨げになれば守備妨害となるので覚えておこう。 野手が処理しようとしてはじいた球が遠くに飛び、その球の捕球で走者と交錯した場合は走塁妨害になるのでよく見極めよう。

守備妨害には併殺を防ぐために、走者が故意に野手に衝突したり、手を上げて送球を妨害することなども含まれる。盗塁を刺そうとしている捕手の送球を打者が故意に妨害した場合（故意でなくても打者がバッターボックスから出てしまった場合などは守備妨害）は、打者がアウトになり、走者は元の塁に戻される。

捕手が妨害されたが、送球をして走者をアウトにした場合は、走者がアウトになり、妨害は取り消される。ルール上どちらの妨害になるか覚えておこう。

コツ16

よく観察しボークを指摘する

CHECK POINT

❶ ボークは球審、塁審どちらかがコールする

13項目を覚え確実に指摘する

ボークは投手（または捕手）が走者をだます行為について定められたルールで、投手12項目、捕手1項目がある。投手がセットポジションで静止せず投球した場合や、ランナーのいない塁へのけん制などがある。（P89～参照）

ボークは球審、塁審の誰がコールをしても良い。一人がコールすれば、他の審判も同調してコールしよう。

とくに子どもの野球の場合はボークへの意識が低く、指導者も教えが行き届いていないケースもある。何度もボークをしてしまうときは、イニング間に指導者か投手に説明しても良いだろう。アマチュア野球の場合、審判が厳密にボークをとれないことが多いので、よくあるボークは覚えておこう。

コツ17 スイングの基準を決めておく

CHECK POINT
❶ 日頃からハーフスイングの基準を明確にしておく

スイングの判断が試合中ぶれないように

スイングか否かは球審が判定するが、ハーフスイングの場合は球審が塁審を指し、判定を任されることがある。球審が、振っていないと判断しボールと宣告した場合のみ、捕手と守備側の監督は、塁審に判断を求めるよう球審にリクエストすることができる。**塁審はスイングと判断したときはストライクと同じジェスチャーで「スイング」か「イエス」のコールを。振っていなければ「ノー」とコールし、セーフと同じジェスチャーをする。**

見極め方は、練習時に打者にハーフスイングをしてもらい、複数の審判でスイングか否か話し合うことも必要だ。試合を通してスイングの判断が変わらないように統一しておこう。他の試合も見て、およその基準を頭に入れておこう。

コツ18

アピールプレイに対応する

CHECK POINT
❶ 投手が一球投げるとアピールの権利がなくなる

野手のアピールも見逃さずに判断する

守備側のチームは、走者の違反行為を指摘し、審判にアウトをアピールすることができる。これをアピールプレイという。

具体例としては、走者が進塁するときに、ベースを踏んでいない、走者が滑り込んだがベースに届いていない、タッチアップの際に、捕球前に離塁していた場合など、野手から動作や言葉でアピールされることがある。

このアピールを認める場合は、野手がその走者にタッチするか、ボールを持ち該当するベースを踏むとアウトになるので、アウトのジェスチャーとコールを行う。認めない場合はセーフとなる。次のプレイが始まってしまったり、投手が一球投げた後はアピールの権利はなくなるので、注意しよう。

コツ 19

タイムの要求を認める

CHECK POINT
❶ タイムは審判が宣告したときからはじまる

有効になるのは審判がタイムを認めてから

試合中は、突発的なケガなどで、選手、監督、コーチなど試合に参加しているすべての人からタイムを要求されることがある。要求を認めた場合は両手を上にあげ「タイム」とコールし、試合を止める。**タイムが有効となるのは、野手などがタイムを要求した時点ではなく、審判がタイムを宣告したときからなので注意しよう。**

タイムはいつでも要求できるわけではなく、投手が投球動作に入ったときは要求ができない。打者がタイムをかけていても、認めていなければ投球がカウントに反映される。

高校野球では、監督の指示を伝令するためのタイムが1試合に3回まで許されている。試合によりタイムに関わる規則があるので注意。

コラム　塁審のコツ

迷ったときこそ、一拍おいてジャッジ

初めての審判は、塁審からお願いされることが多いでしょう。走者と、守備側の処理とどちらが早いかを見るだけだから簡単だと思いがちですが、際どいタイミングも多くあります。目だけではなく、グラブの音とベースを踏む音を頼りに判断し、五感をフル活用します。

プロ野球の審判が際どいクロスプレーをジャッジするときに、少し間を持たせ選手の近くで手を振りかざし「アウト」とコールする場面が見受けられます。一見、演出のようにも見えますが、タッチプレイも、フォースプレイと同じように、ベースやミットを見て捕球を確認してからコールすることがポイントです。際どいプレイほど焦って早くジャッジを出しがちですが、捕球を確認し落ち着いてジャッジする方が説得力があります。

PART
4

審判のフォーメーション

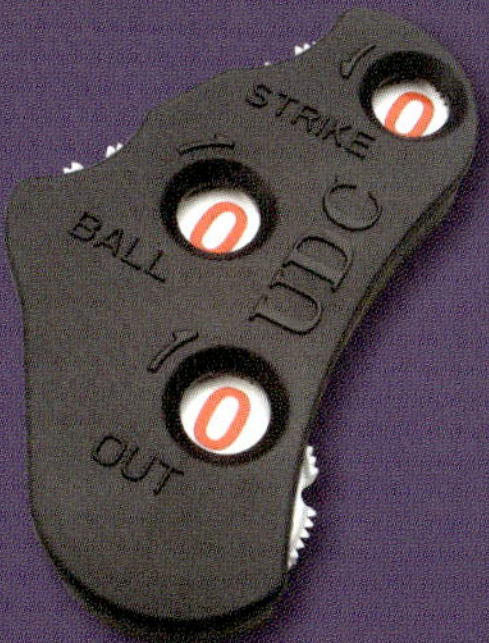

コツ20

走者のいない場合の立ち位置を知る

一塁塁審は一塁手の3～4m後方ファウルラインの外に立ち、三塁塁審はその左右対称になるように三塁手の3～4m後方ファウルラインの外に立つ。二塁塁審は三塁と二塁の延長線上9～10m地点付近に立つ。

CHECK POINT
❶ 球審はホームのそば
❷ 一塁塁審はラインの外
❸ 二塁塁審はセカンド側
❹ 三塁塁審は一塁塁審と左右対称

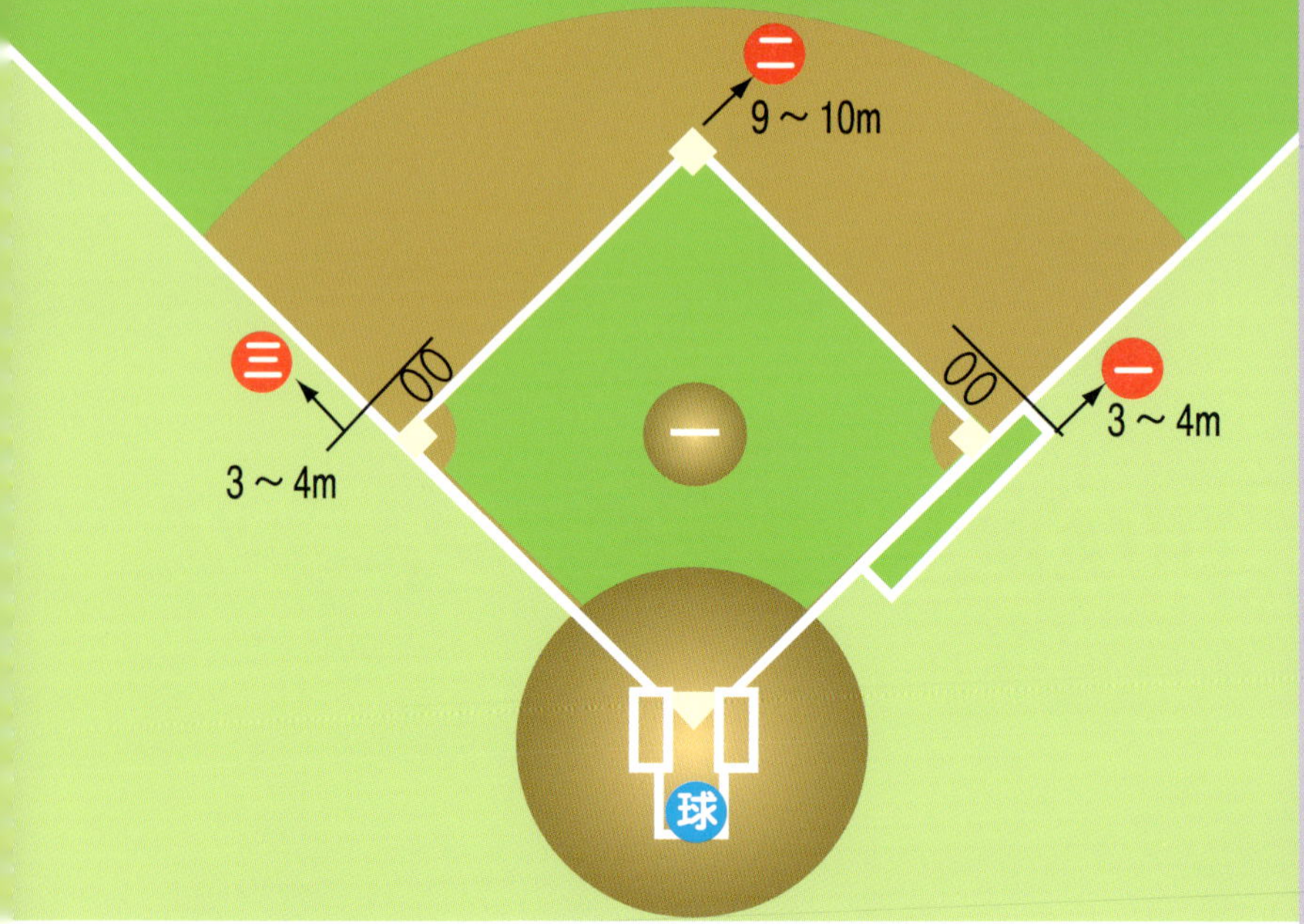

審判が各塁についで判定する

4人制では、各塁を1人の審判が担当して判定する。このとき、**プレイの邪魔にならず判定しやすいポジションに立つことが重要になる。**

球審は捕手の後ろなので、立ち位置は難しくない。一塁塁審は走者のいない状況では一塁手の後方ファウルラインの外がスタート位置になる。三塁塁審も同様で、一塁塁審と左右対称になるようなイメージを持つ。グラウンドの中に入る二塁塁審は、ダイアモンドの外、ライト側に立つのが主流。

また塁審は外野の判定もするので、担うエリアを把握しよう。二塁塁審はライトのポジションからレフトのポジションの外野広域で、一塁塁審と三塁塁審は二塁塁審のエリアの外側を見る。ファウルもあるので、フェンスの位置までが判定エリアとなる。

POINT ❶ 球審は捕手の後ろで全体を見渡す

球審の立ち位置は捕手の後ろで、投球の判定をする。また、外野に飛ばない限りは打球の判定も行うので、グラウンド全体を見渡す視野の確保が必要。内野の浅い位置にフライが飛んだ場合には、一塁塁審あるいは三塁塁審とサンドイッチして判定することもある。

POINT ❷ 一塁手の後方ラインの外で一塁塁審は判定する

走者なしの状況では、一塁塁審は一塁手が守っているポジションの3〜4m後方、ファウルラインの外がベスト。これは、フェアギリギリの打球に当たってしまわないようにするため。この基本位置から打球によって中に入る、ラインをまたぐなどする。

POINT ❸ 三塁と二塁の延長線上9〜10mに二塁塁審は立つ

走者なしの状況では、二塁塁審は打者走者のプレイの絡みが起こりやすいセカンド側に立つ。三塁と二塁の延長線上ベースから9〜10m後方の立ち位置が目安となる。やや浅く感じるが、深すぎるとプレイの邪魔になる危険があるのでこの位置がベスト。

POINT ❹ 三塁塁審は一塁塁審と左右対称に立つ

三塁塁審は一塁塁審と同様に三塁手の後方3〜4m後方、ファウルラインの外に立つ。一塁塁審と左右対称になるような位置につこう。また状況によって三塁手が前進することがあるが、前に出すぎるとフェアファウルの判定ができないのでベースに近づきすぎない。

コツ21

一塁塁審と二塁塁審で走者を見る

CHECK POINT
❶ 1歩前に出て一塁けん制に備える
❷ 走者のラインに入らないように中に位置どり
❸ 三塁塁審は走者なしと同じ位置で判定

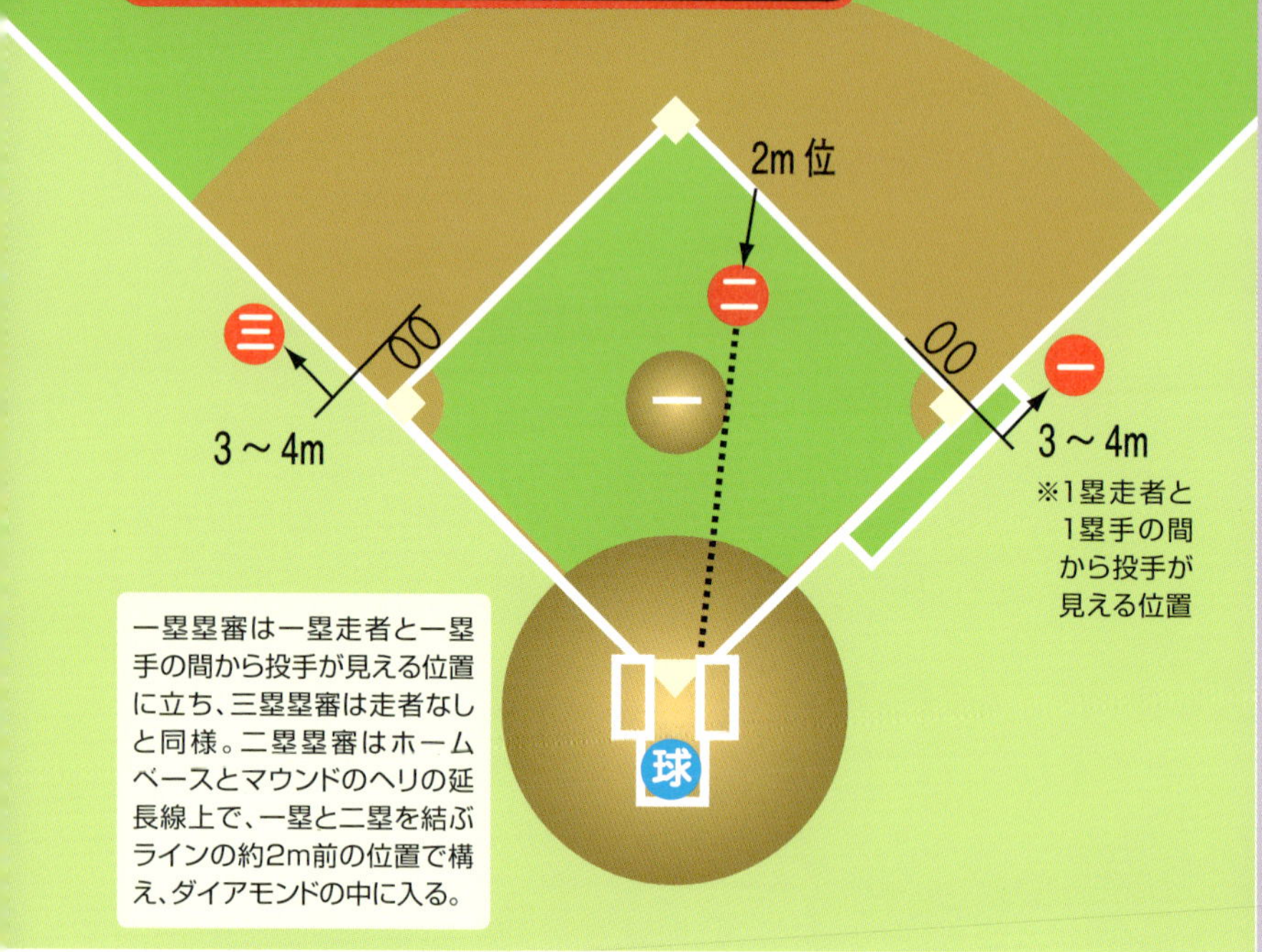

一塁塁審は一塁走者と一塁手の間から投手が見える位置に立ち、三塁塁審は走者なしと同様。二塁塁審はホームベースとマウンドのヘリの延長線上で、一塁と二塁を結ぶラインの約2m前の位置で構え、ダイアモンドの中に入る。

盗塁などのプレイを想定して位置を変える

走者が出ると、投球以外のプレイでの判定が必要になるため、走者なしの立ち位置のままでは対応できない。想定されるプレイとして可能性が高いのが盗塁で、一塁塁審と二塁塁審は正確に判定できるように準備しておくことが大切。

一塁塁審は一塁走者と一塁手の間から投手が見える位置に立ち、けん制の判定の準備をする。二塁塁審はダイアモンドの中に入って盗塁に備える。このように一塁塁審は外、二塁塁審が中と位置どりしておければ、挟殺になった際にも2人で角度をカバーしあって判定できる。なお、三塁の塁審は基本スタートの位置から離れる必要はない。また二塁塁審が中に入ると外野を一塁塁審と三塁塁審で半分ずつ担うことになるので、担当エリアの確認もしておくべき。

POINT ① 一塁塁審は1歩前に出て3選手を視野に入れる

一塁に走者がいるとけん制プレイが起きるので、一塁塁審はそれに備えて少し前に出る。投手と一塁手、走者の3選手を視野に入れることがポイント。ボークやタッチと帰塁のタイミングなどを見落とさないように、注意深く判定する必要がある。

POINT ② 二塁塁審は走者のラインのやや内側に立つ

走者の盗塁を想定して、二塁塁審はダイアモンドの中に立ち位置を変える。ホームとマウンドの傾斜のヘリの延長線上で、走路から約2mほどホームよりの位置となる。走者の走るラインと重ならないように位置どりすることがポイント。

POINT ③ 三塁塁審は走者なしの立ち位置と同様

走者一塁では、三塁塁審が立ち位置を変える必要はない。走者なしと同じ位置で判定をする。しかし二塁塁審が中に入っている状況では一塁塁審と三塁塁審で外野を2分割して担わなくてはいけないので、エリアが広くなっていることを忘れないように注意する。

+1《プラスワン》 アドバイス ボールの動きを見ながら盗塁もしっかりと判定

二塁塁審は走者がある場合は、盗塁を想定しておくことが大切。間違った位置にいると、捕手の送球が当たるアクシデントに見舞われるので注意。また送球が流れて走者が三塁まで走る、失敗して挟殺など関連するプレイが数多くあるので集中して判定しよう。

コツ22

走者なし左方向への飛球

三塁塁審がボールを追いカバーしあう

三
二
走
一
球
CHECK POINT
❶ 三塁塁審が打球を追う
❷ 球審が三塁をカバー
❸ 一塁塁審がホームに入る

通常の飛球
三塁塁審がゴーイングアウトし、球審が三塁方向へ走る。

長打になった場合
球審が三塁をカバーし、一塁塁審は走者と平行に走ってホームに向かう。

三塁塁審が抜けた穴を三人でカバーする

走者のいない状況で打者がレフトの定位置より左に飛球を放った場面では、レフトを守る野手のキャッチを最も近い三塁塁審が追う。この立ち位置から外野へと移動する動作をゴーイングアウトと言う。

これにより三塁が空いてしまうので、球審が寄ってカバー。また一塁塁審は打者走者が一塁ベースを踏んでいるかをまわり込んで確認し、長打になったら打者走者が二塁へとまわるので、**帰塁の可能性がないと判断したら打者走者に並行するように球審が三塁を埋めたことによって空いたホームに入る。**ゴーイングアウトした審判は基本的に戻ってこないので、残った三人でカバーする動きが重要になる。なお、一塁に走者がいた場合でもセンターの定位置より左への飛球では同じように動作する。

コツ23 二塁を三塁塁審が埋め球審が三塁に入る

通常の飛球
二塁塁審がゴーイングアウトし、三塁塁審が二塁にあがる。球審はやや三塁に寄る。

CHECK POINT
❶ 二塁は三塁塁審が見る
❷ 長打の場合は、三塁は球審、本塁は一塁塁審が見る

長打になった場合
球審が三塁に入り、一塁塁審は走者が戻らないと判断したらホームをカバー。

走者が二塁をまわったら一塁は空ける

右中間に飛球が飛び走者がいなければ、そのエリアを担う**二塁塁審がゴーイングアウトする。打者走者が走ってくるので一塁塁審はそのまま、三塁塁審が位置をあげて二塁を埋め、球審はやや三塁に寄る。**長打になった場合には打者走者が二塁へと走るので、三塁塁審がベースを踏んでいるかをチェックし、球審はしっかりと三塁についてスリーベースヒットになる可能性に備える。しかしこうなるとホームが空いてしまうので、レフトへの飛球のときと同様に、一塁塁審がホームベースに向かいカバーする。

このとき一塁塁審が焦ってホームに走ってしまうと、一塁に戻るプレイが起こったとき判定する審判がいなくなるので、打者走者の動きを見て帰塁の可能性がないという判断をすることが大切。

コツ24

走者一塁右方向への飛球

一塁塁審が追ったら球審が一塁をカバー

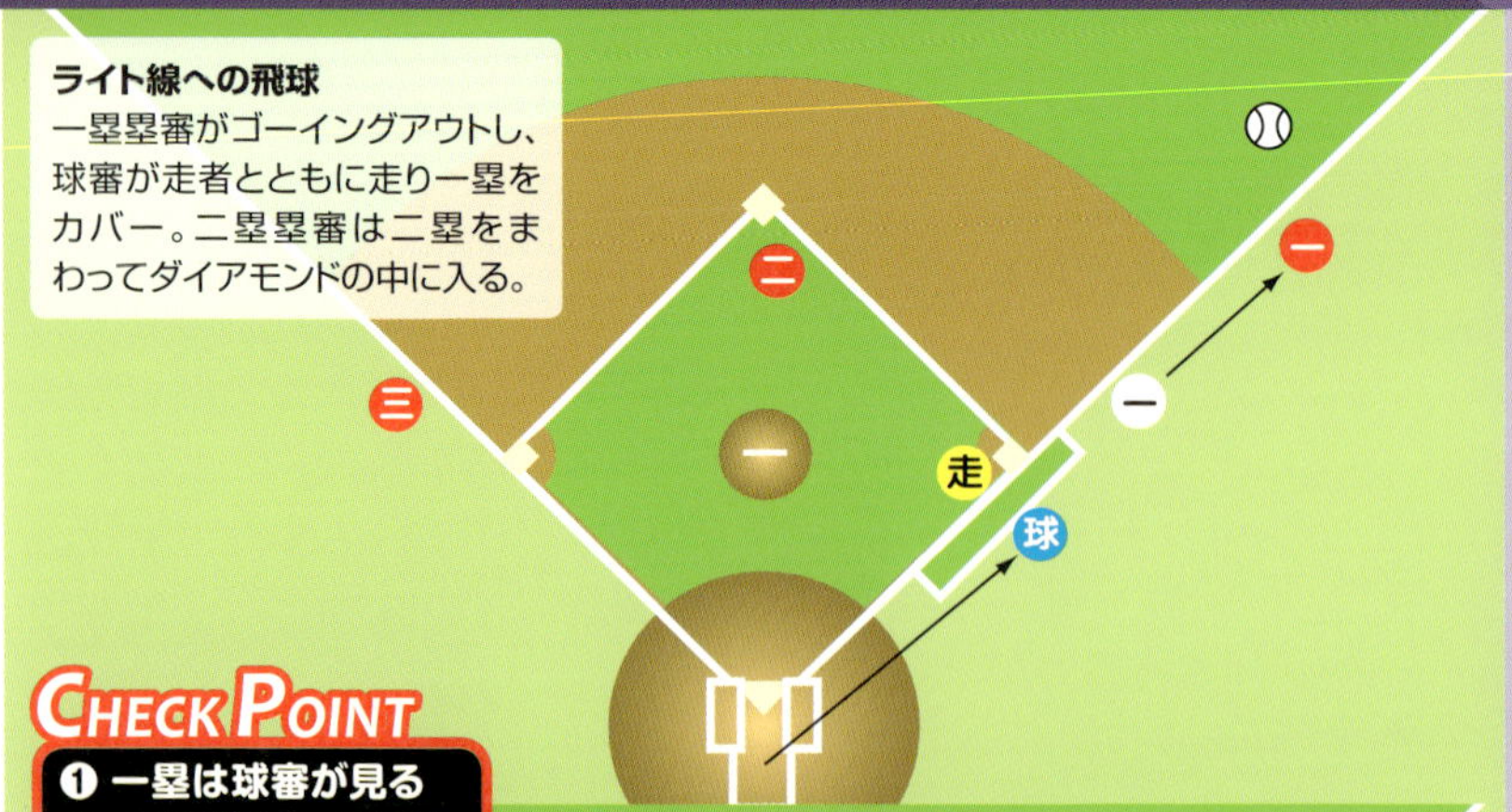

ライト線への飛球
一塁塁審がゴーイングアウトし、球審が走者とともに走り一塁をカバー。二塁塁審は二塁をまわってダイアモンドの中に入る。

CHECK POINT
❶ 一塁は球審が見る
❷ 長打の場合、球審は本塁に戻る

長打になった場合
二塁三塁はそれぞれ塁審が判定。球審は帰塁がないと判断したらホームに戻る。

球審が上下動して空いた一塁とホームを見る

走者一塁で打者がセンターの定位置より右に飛球を打ったら、**一塁塁審がゴーイングアウトする。これにより、打者走者が走っていく一塁が空いてしまう。この対応を行うのは球審で、打者走者とともにあがっていき判定を行う。**なお、三塁塁審は立ち位置から動く必要はない。長打になったら、打者走者が二塁へ走るので一塁に帰塁しないと判断したところで球審はホームに戻る。

走者がいる場合にも、ランナーなしとほぼ同様の動きで判定する。二塁塁審は走者が三塁へと走る意思を明らかに見せたら三塁塁審にたくし、一塁方向にスライドしていき球審から判定を引き受ける。

コツ25

走者と打者走者に塁審がつく

CHECK POINT

❶ レフトへの飛球は、一塁塁審が打者走者を見る
❷ ライトへの飛球は、二塁塁審が打者走者を見る

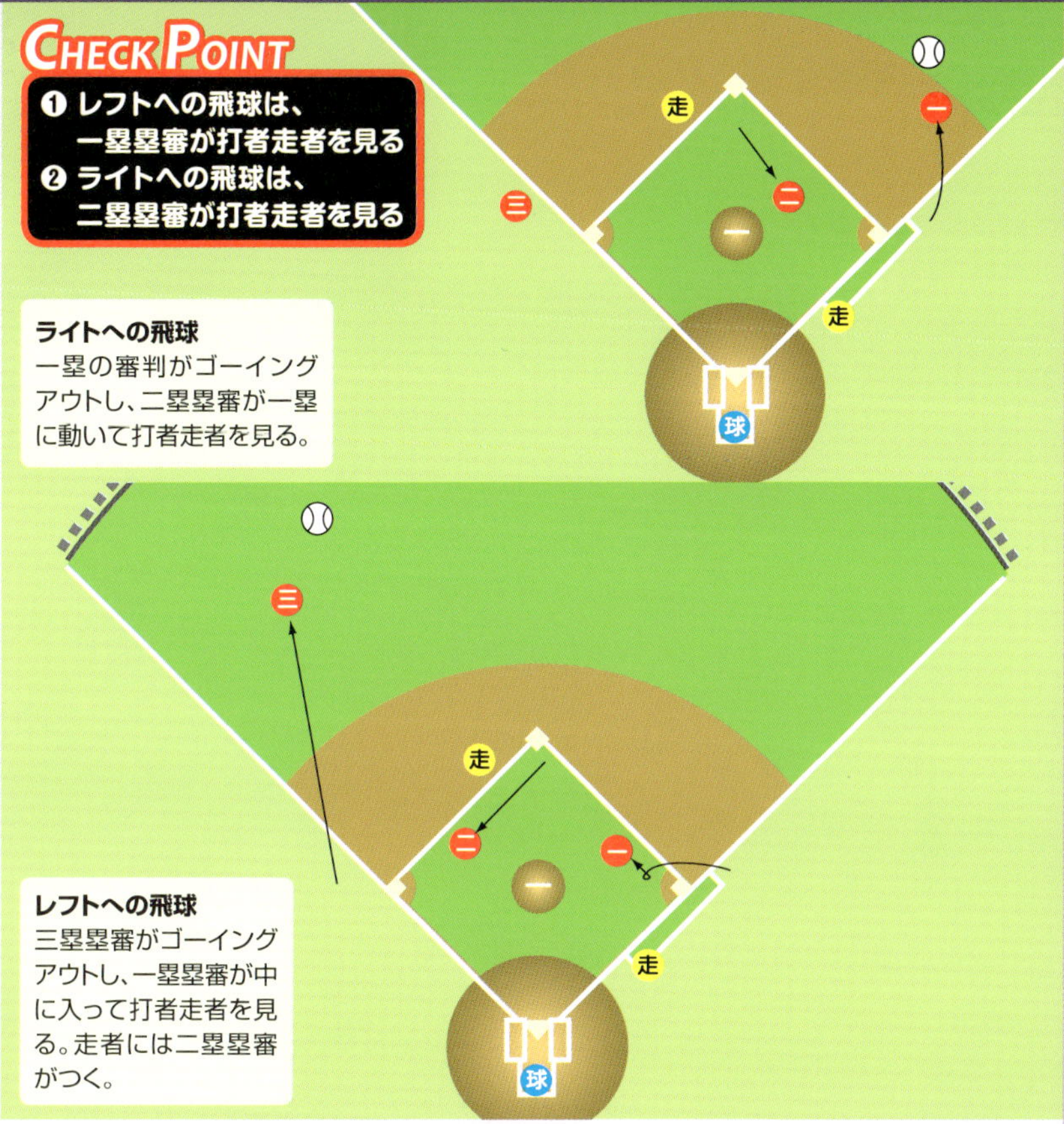

ライトへの飛球
一塁の審判がゴーイングアウトし、二塁塁審が一塁に動いて打者走者を見る。

レフトへの飛球
三塁塁審がゴーイングアウトし、一塁塁審が中に入って打者走者を見る。走者には二塁塁審がつく。

球審は動かさずに中の2人の塁審で判定

走者が二塁にいる状況では走者一塁と同様に二塁塁審が中に入り、外野の担当エリアも一塁塁審と三塁塁審で半々となる。しかし一塁塁審と三塁塁審の立ち位置は走者なしと同じくラインの外。

ライトに飛球が飛んだら**一塁塁審がゴーイングアウトするが、球審はカバーしない。これは走者が二塁にいるのでホームインの可能性があるため。球審を動かすべきではないのだ。**二塁塁審が一塁と二塁の中間あたりに動き、2つの塁を受け持つ。反対にレフトに飛んだ場合には、三塁塁審がゴーイングアウトするので走者に二塁塁審がついて判定し、一塁塁審は打者走者を見る。このとき、中から見ることが大切。これにより、二塁へ進塁する場合にもそのままついていけるようになる。

コツ26

走者三塁

二塁塁審がゴーイングアウトのカバーをする

CHECK POINT
❶ 無死または一死の場合、二塁塁審はショートの後ろにつく
❷ 二死なら元の位置に戻る

無死・一死
一塁塁審と三塁塁審のゴーイングアウトに対応できるように、二塁塁審が遊撃手の後方につく。

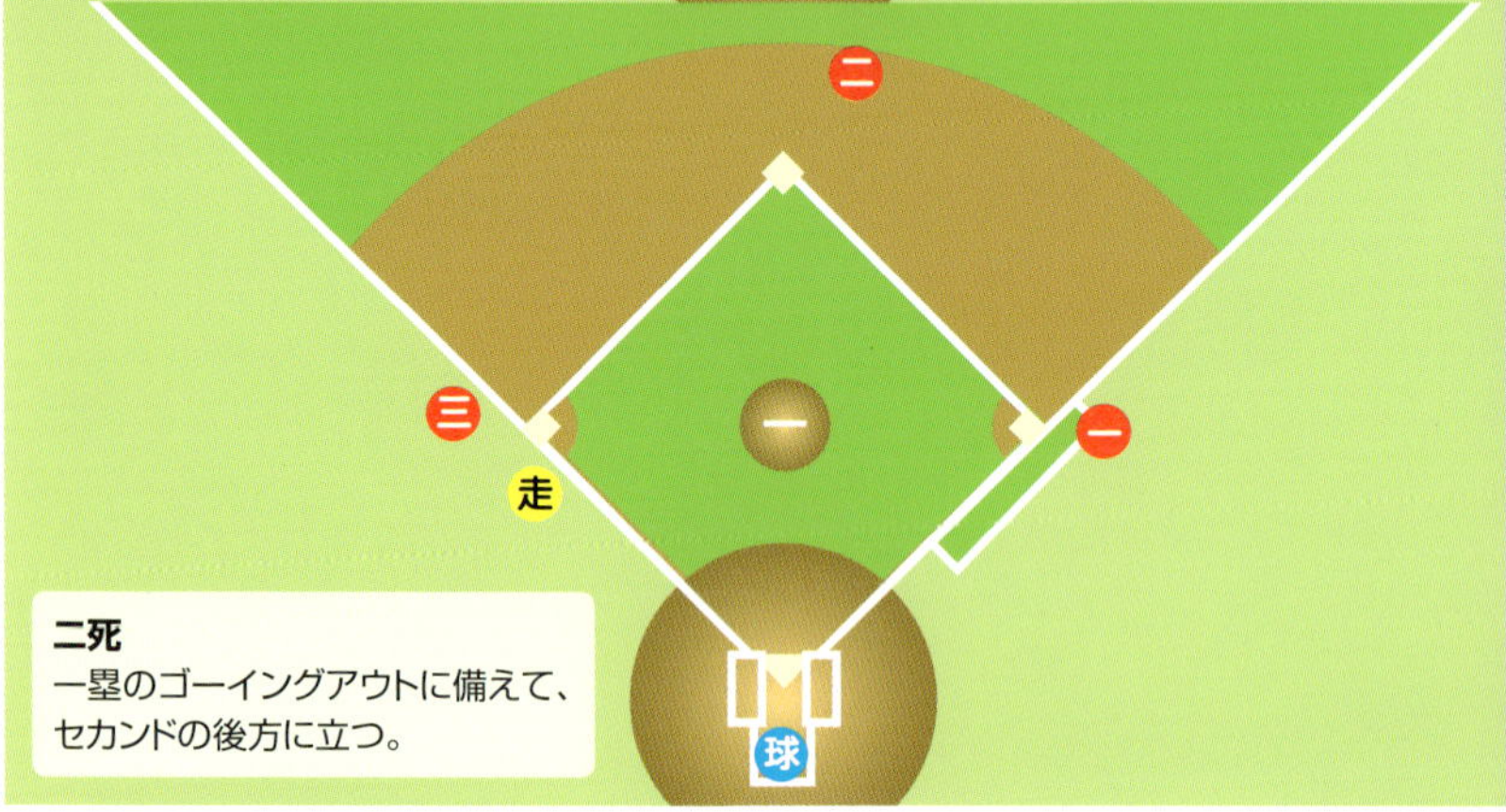

二死
一塁のゴーイングアウトに備えて、セカンドの後方に立つ。

塁が空かないように 二塁塁審がすばやく移動

走者が三塁にいる状況では、基本的に前進守備になるので、二塁塁審はショートの後ろに立ち位置を変える。これは球審が動けないことから**一塁塁審と三塁塁審がゴーイングアウトした際に塁が空いてしまうのを、近くに位置どりして二塁塁審がすばやくカバーする**ため。前進守備をとらない場合もあるが、それでもショートの真後ろに立ちなるべく塁に近づきカバーしやすくすることが大切。

以上は無死と一死の場合の立ち位置。これが二死であれば一塁が重要になるので、二塁塁審はセカンドの後ろにつく。これによりライトに飛球が飛んだ際に一塁塁審がゴーイングアウトしても、一塁にすばやく入れるようになる。走者なしの立ち位置よりも、前に立つことがポイントになる。

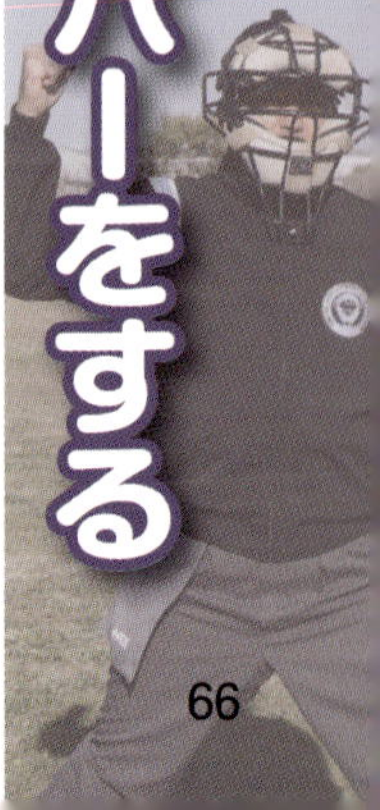

PART 5

試合の流れ

コツ27

試合前の確認をする

CHECK POINT
❶ 審判同士でグランドルールを打ち合わせる
❷ メンバー表に目を通す

先攻後攻やメンバー表の確認をすませておく

試合開始の時間には余裕を持ち、グランドに入ろう。とくに普段、運動をしていない人は軽いランニングやストレッチで体をほぐしておくこと。グランドのまわりに危険なものがないか確認し、草むらにボールが入った場合などの特別なグランドルールを打ち合わせておく。ホームチームの監督が決める権限を持ち、たいていは審判に任される。必ず試合前に決めて発表する。

プロ野球や、学校のグランドを借りての部活の試合などは、主催側がホームチームとなり後攻になる。それ以外のときは、試合前に両チームでじゃんけんなどをし先攻後攻を決めておく。

両監督からメンバー表をもらい、同じポジションや選手名に重複がないか目を通し、試合開始時間にすみやかに始められるようにしよう。

コツ28

用具の準備をしておく

CHECK POINT
❶ プロテクター等を装着する
❷ インジケーターやボール袋を準備

交換用のボールやインジケーターも準備

審判がグランドの準備や整備を義務付けられることはないが、アマチュアの試合では、ライン引きなど手伝うこともある。運営の準備をするときは審判の準備に差し支えない程度に。

球審はシャツの下にプロテクターを着けたり、ヒザ下のレガースをはめるので、安全にジャッジできるよう、前もって装着しておこう。**ベルトから下げるタイプの審判用ボール袋には交換用の球を入れておく。インジケーターも試合前にダイヤルを回して試しておこう。**

プロテクターだけではなく、黒を基調としたシューズや長ズボンに履きかえるなど、準備を早めにすませておくこと。硬式球の場合は、爪先と足の甲を保護する球審用シューズを履く。子どもの野球で審判をやる場合は、身なりを整えたきちんとした服装で行うことが望ましい。

コツ 29

試合前に整列、挨拶をする

CHECK POINT
❶ 開始時間の少し前に声をかけて整列
❷ ユニフォームを確認する

服装にも目を通し挨拶の号令をかける

メジャーリーグや日本プロ野球では試合前に整列しての両チームの挨拶をすることはないが、アマチュア野球では行うことがほとんどだ。**子どもの野球の場合、試合開始時間から整列をすると時間がかかるので、開始時間の少し前に両チームに声を掛けておこう。**打席ごとに審判に礼をしなくてもいいように、最初に挨拶することで時間短縮をする意味合いもある。

公式戦は全て同じユニフォームの着用が義務付けられ、他の格好では試合に出場できないことがあるので整列のときに目を通しておく。

向かい合って並んだら、「整列」「礼」の号令で、両チームの選手が帽子をとり挨拶をする。はっきりと大きな声で号令を掛けよう。

コツ30

試合開始を示す

CHECK POINT
❶ 最初の打者が打席に立ったらプレイボールを掛ける
❷ 試合の再開ではプレイのコールをする

すべての準備を終え プレイボールのコールを

整列、挨拶が終わると、後攻のチームが守備につき、投手の練習投球が始まる。投球数（各リーグ規定5～7球）が決まっているので球審が投球を数える。とくに決まりはないが最後の投球の前に声を掛けると良い。たいていは、ラストボールで捕手が野手に声をかけ、捕手が二塁に送球して守備練習が終わる。

これらの準備が終わり、**試合球以外のボールが片付いたことや、ベースコーチが位置についたのを確認。投手がボールを持って投手板に位置したとき、攻撃側の一番打者が打席に入り、「プレイ」の声を掛ける。遠くまで通るようにコールしよう。**

試合中にタイムをかけて中断し、ゲームを再開するときには、同じように右手をあげてジェスチャーしながら「プレイ」のコールを行う。

コツ31 スコアボードの表示を確認する

CHECK POINT
❶ 得点を記録係りに伝える
❷ スコアボードにも気を配る

正確に記憶し スコアボードも確認を

得点が入ったかどうかの判断は審判の仕事であるが、規則上は得点を記録する義務はない。得点が入ったことや、ノーランンスコアの場合も記録係りに伝える。記録係りとスコアボードに得点を記入する係りは別のことが多く、**審判が管理する範囲ではないが、抗議などのトラブルになりかねないので、スコアボードの表示が合っているか気を配っておこう。**

アマチュアの場合、制限時間内に試合をすることが多いが、9回制、7回制のときは、後攻のチームが得点を上回っている場合、裏の攻撃はないのでスコアボードも確認し、状況を把握しておく。記録やスコアボードに頼りきりにならないよう、自分で正確に覚えておこう。

コツ32

すみやかに攻守交代をさせる

CHECK POINT
❶ 選手交代を促し試合をスピーディに進める
❷ コーチャーボックスも確認する

ベンチを促し迅速な攻守交代を行う

アマチュアの試合では時間制の試合が多いので、**球審を中心に審判がスピーディーに試合を進めることが肝になる。試合中はもちろん、攻守交代も駆け足で行うよう、場合によってはベンチに促しても良いだろう。**

選手だけでなく、一塁と三塁のコーチャーボックスにコーチが入るが、子どもの野球の場合、選手がコーチの役目を果たすことがあるので、入っていなかったら声を掛けよう。

イニング間では投手の練習投球があるので、球審が決められた球数を数え、迅速に行うようにコントロールする。攻守交代がすみやかに行われないときは選手だけではなく、指導者にも声をかけて意識を高めよう。

コツ33

選手の交代を承認する

CHECK POINT
❶ 必ずラインナップカードに変更を書き入れる
❷ 守備の交代の際は打順を確認してミスを防ぐ

監督の申し出を受け正しく交代させる

監督から申し出があり、打者や守備者、走者が控え選手と交代したり、守備の位置が入れ替わることがある。**申し出を承認したら、メンバー表を確認し、必ず自分の持っているメンバー表に反映させてから、プレイを再開する。**打者や走者の交代のときは、守備のときのポジションを、守備者の交代のときは、その後の打順なども確認し、ミスが起こらないようにしよう。

子どもの試合のときは、監督の申し出や指示の前に、選手が勘違いして入れ違ってしまったり、監督の申し出があっても選手が準備をしていないこともあるので、その点も考慮して、メンバー表と照らし合わせよう。正しく、かつスピーディーに選手交代が行えるよう努めよう。

コツ34

投手の交代を承認する

CHECK POINT
❶ 投手交代後もカウントを引き継ぐ
❷ 野手と投手の交代についてのルールを確認する

投手交代を承認し迅速に行う

攻守が交代するか、打者一人を完了すればイニングの途中や、打撃のカウントの途中で投手交代を行うことができる。その場合、次の投手はそのままカウントを引き継ぐ。引き継いだ投手は投球練習があるので、決められた球数を数え、終わってからプレイを再開する。

リーグにより、監督やコーチが1試合、1イニング中に、マウンドで指示を出せる回数が決まっているので、合わせて覚えておこう。

投手と野手が交代することもできるが、野手と入れ替わり、再び投手に戻れるか否かはリーグによって異なるので確認が必要だ。

投手交代の回数の規定はないが、とくに時間制の試合で交代が多いときは迅速に投球練習を行うように促して試合を進めよう。

打者の交代を承認する

CHECK POINT
❶ 代打代走の選手が守備につくのかを確認
❷ 打順を間違えたら抜かされた打者がアウトになる

打者の交代は打撃の途中でも行える

攻撃側の監督から代打や代走を告げられ、控え選手と交代することがある。メンバー表と照らし合わせよう。**打席に入っている打者のカウントの途中でも、交代することができ、交代した打者はそのままカウントを引き継ぐ。**

攻撃が終わった際には、代打や代走の選手がそのまま守備に着くのか、他の選手が入れ替わって守備につくのか、監督の申し出を確認し、ポジションを把握するように。

打順を間違えて、本来の打者が抜かされた場合、守備側のチームからアピールがあれば、抜かされた打者がアウトになる。盗塁や、暴投・捕逸での進塁は有効。打撃（四死球を含む）行為による進塁は無効。打撃の途中にアピールがあった場合、カウントを引き継いで正しい選手に入れ替わることも覚えておこう。

コツ36

守備の交代を把握する

CHECK POINT
❶ 複数選手の交代があればオーダー表等を見て把握
❷ 交代選手をオーダー表に書き込む

複数の守備交代はオーダー表と照合しよう

野手の交代は、控え選手が守備に入り選手が代わる場合と、守備についている野手のポジションを入れ替えるケースがある。

アマチュアの場合の投手交代は、控え選手が新たな投手となり、試合に出場していた投手がどこかのポジションに着き、ほかの野手がベンチに下がることなども多々ある。**複数の選手の交代やポジションの変更が伴うので、オーダー表と監督の申し出、守備に着いている野手とを照らし合わせて把握するようにしよう。**

複数の選手が入れ替わったときには、どの選手がどの打順に入るかを確認し、オーダー表に書き込んでおこう。捕手の交代時は、レガースの装着などを迅速に行うように声を掛けよう。

コツ37

天候に見合った対処をする

CHECK POINT

❶ 雨天中止は大会本部が決めることが多い

❷ 続行が難しいと判断したら監督や大会本部に相談

天候を吟味し安全を優先して判断する

屋外スポーツなので、雨天中止の場合があり、日没コールド、雨天コールドで予定回数や時間の途中で試合が終了することがある。

試合前の雨天中止は連盟や大会本部が決定することがほとんどだが、決定するまでは、自分で判断せず雨天でも会場に向かおう。試合中でも日没や激しい雨で試合の続行が不可能と、球審が判断した場合は試合終了となる。回数など、どのような条件で試合成立となるのか、再試合延期になるかを前もって確認すること。

雨で地面がぬかるみ足元が滑る、暗くて球が見えにくいときなどは、試合が続行できるか審判が状況を判断しよう。両チームの監督や大会本部と相談し、選手の安全を優先に考えよう。

コツ38

試合を中断する

CHECK POINT

❶ 時間制の試合は抗議等の時間も試合時間に含まれる

❷ 選手のケガなど時間がかかるアクシデントがあれば中断する

大会本部とも連携し中断などの判断をする

試合主催者がおり、ホームゲームで試合をする場合は、天候などによる試合中止の判断はホームチームが権限を持っている。連盟や大会本部が決定することも多いので指示に従おう。

試合の中断や打ち切りの判断は審判に権限がある。時間制の試合中でも、抗議されている時間も試合時間に含まれる。**突発的な選手のケガの処置などで時間がかかる場合は試合を中断させ、時計を止めても良い。その場合はすべての審判、両チームの監督や記録係りとも確認し合おう。**

現状は試合を行える状況でも、洪水警報が出ている場合や落雷の可能性があるときは、球審を中心に審判や大会本部とも相談し、危険が伴わないように判断しよう。

コツ39

選手のケガの状況で判断する

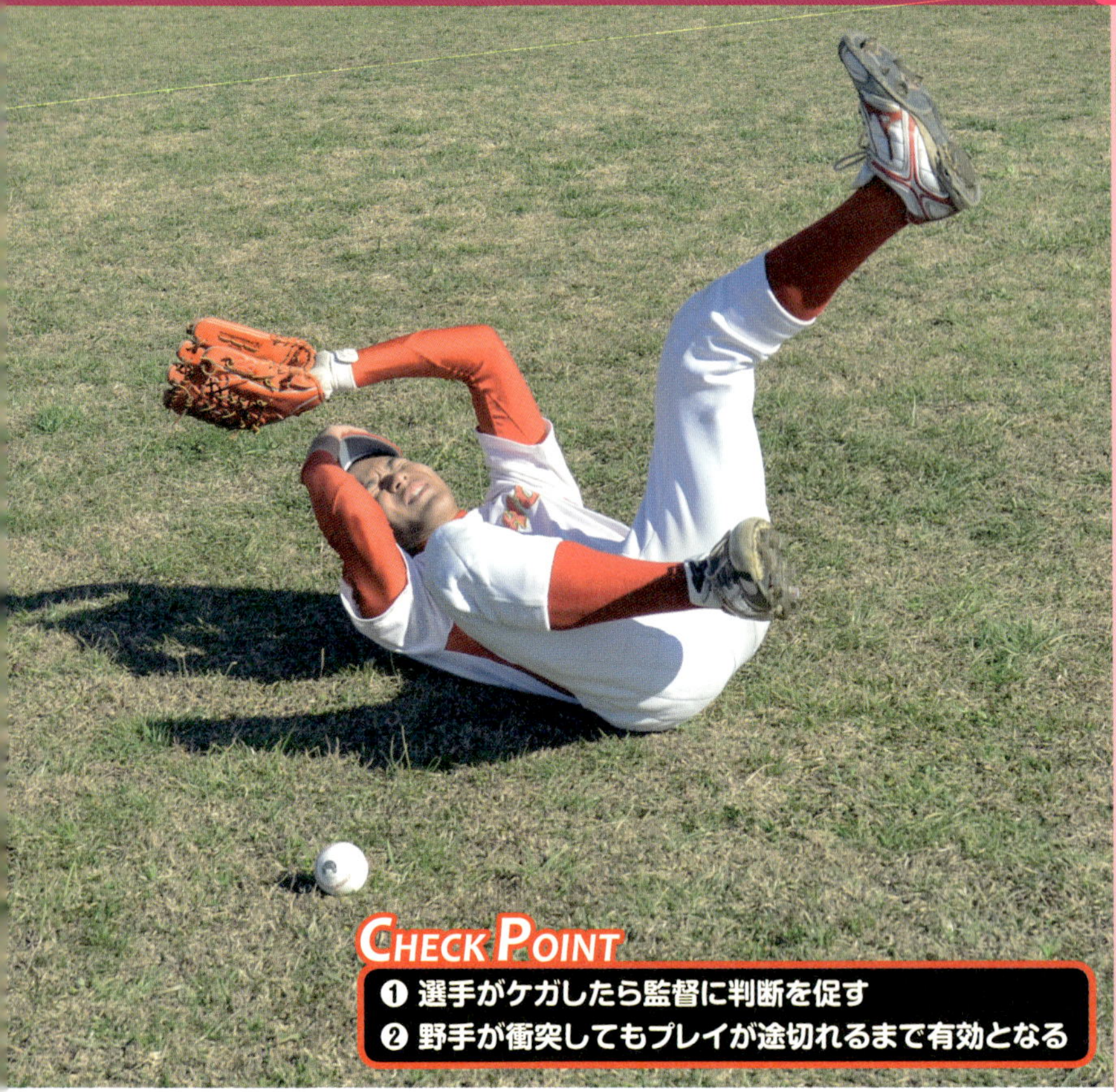

CHECK POINT
❶ 選手がケガしたら監督に判断を促す
❷ 野手が衝突してもプレイが途切れるまで有効となる

ケガの状況を見てタイムをかける

比較的起こりやすいのはデッドボールによる選手のケガだ。球が当たった選手が長い時間痛がっていたり、処置に時間がかかる場合は、監督に続行させるか、選手を交代するか判断を促すと良い。リーグによっては、デッドボールなど相手チームの行為によって受けたケガの場合のみ、臨時代走が許されていることもある。通常の選手交代とは異なるので覚えておこう。

打球を追い、**野手同士が衝突してケガをすることもある。ぶつかって球がこぼれている間もプレイは続いているので、走塁も有効となる。選手が起き上がれないときなどは、プレイが一区切りしてからタイムをかける。**試合時間の時計を止めるかは審判が判断する。

コツ40

ケガの処置を的確にする

CHECK POINT
❶ ファウルボールがあたったら冷やして様子を見る
❷ 続行が難しければ球審と塁審を交代するなどして対処

ケガの処置をし審判同士でカバーする

審判のケガで最も多いのが、球審にファウルボールが当たる場面だ。頭に当たった場合は脳震盪を起こすケースもある。打球が腕や足に当たった場合は、氷などのアイシングや冷却スプレーをかけて様子を見よう。**続行が難しい場合は塁審が代わって球審を行うなど、ほかの審判とカバーし合う。子どもの野球の場合、ほかの父兄に塁審をお願いしてフォローしてもらっても良いだろう。**代わりがいない場合は、塁審を1人減らした状態で、3人制、2人制のフォーメーションで試合を続けよう。

とくに塁審は外野に走ることもあり、急に走り出し、急に静止することが多い。試合前や日常でもほどよく体を動かしておこう。

コツ41

ローカルルールを適用する

CHECK POINT
1. グランドによってローカルルールを提案
2. ボールが草むらや川に入ってしまう場合に注意

試合環境に応じたローカルルールで

試合をする環境によって、特別にローカルルールが設けられている場合があるので、事前に確認しておこう。試合前にグランドやまわりを見渡し、気付いたことがあったらルールを提案し審判と両監督と話し合って決めることが大事。

とくに確認しておきたい点は、時間制限、同点で予定回数を終了した場合の延長戦のルール、グランドルールなどだ。例えば、隣の試合会場と近く、打球を他の試合を行っている選手が捕ってしまったときや、草むらや川に球が入ったときの規定をあらかじめ設けておこう。

試合中のボール交換は、土がついたときなどに投手や捕手からリクエストがあるが、予備の球が少ないこともあるので球審が判断しよう。

コツ42

時間制で試合を進める

CHECK POINT
❶ ナイター設備がない試合では時間制で行うことが多い
❷ 時間管理は審判の担当ではないが気を配っておくべき

終了時刻を過ぎたら次の回には入らない

アマチュアの試合はほぼナイター設備がないこともあり、回数制ではなく1時間半や2時間の時間制の試合だ。終了時刻を過ぎたら、新しいイニングには入らないという決まりになっている。試合の制限時間は審判が決めるものではなく、リーグや大会の規定に準じている。

審判が時計を持って指示することはない。とくにファウルボールが飛んでくる球審は腕時計をはめていると危険なので外しておこう。

時間管理は審判の範囲ではないが、時間制の試合では、**終了時刻と回の終了時間が同じくらいの場合、次の回に進めるかゲームセットとするかは球審の判断に委ねられている。その点では時間を気にして試合を進めよう。**

コツ43

抗議に対処する

CHECK POINT

❶ 審判に申し立てすれば質問できる
❷ ラフプレイには退場処分を言い渡すことが可能

抗議に対応し時間内でおさめる

審判のジャッジに不服がある場合に、選手や監督が審判に申し立てをし、ほかの審判への確認を要求したり、質問することができる。監督からの質問に対し、説明を終えた場合は、基本的に選手や監督は引き下がらなければいけない。引き下がらなかった場合は警告し、それでも抗議を止めない場合は、退場というのが国際基準。日本のプロ野球では監督の抗議が5分以上続いた場合、遅延行為と見なされ退場処分を受ける。

もし、**審判を手で押したりするなどの行為があった場合は、退場処分を言い渡すことができる。学童野球でも同じ基準で対処するべきだ。冷静に判断しよう。**

コツ44

対象者を退場処分にする

CHECK POINT
❶ 退場処分にする際には右手でグランドの外を差し「退場」とコール
❷ 抗議に対しては冷静に対処することが大切

暴力などの違反行為者に退場を宣告する

審判は選手、監督、コーチなどの試合に関わる人に対して退場処分にすることができる。危険投球などのルール上の違反で退場処分にすることもあるが、主に暴力行為があったときに退場処分とする。ジェスチャーが決まっているわけではないが、右手でグランドの外を指し「退場」とコールすると明確だろう。

退場処分の対象は、審判への執拗な抗議による遅延行為や、侮辱行為、暴言、暴力など。監督からの抗議のときに体を押されたりする動作も当てはまる。審判への暴力だけではなく、選手間での侮辱行為や暴力も含まれるのでしっかり見ておこう。抗議に対して、感情的にならずに冷静に対処することが大切だ。

コツ+α

コールはないが挨拶をする

CHECK POINT
❶ ゲームセット時のコールはない
❷ コールゲームとノーゲームはコールする

ゲームセットのコールはしないが、号令を掛ける

試合開始の「プレイボール」と異なり、**試合終了時に「ゲームセット」のコールをすることはない。最終回が終了となるプレイが成立したら、審判の任務は完了となる。**

ただし、子ども野球の場合などは試合の後に、両チームが整列し、挨拶をすることが多い。勝った方のチーム側に手を差し出し、チーム名を告げ、「礼」と号令を掛けるのが一般的だ。

雨天や雷など天候状況の影響で中断していたときに、続行不可能と判断した場合は、ホームベース後ろに球審が立ち、右手を上げ「コールドゲーム」とコールする。試合が成立する規定の回数に達しなかった場合は「ノーゲーム」とコールするので覚えておこう。

PART 6

ジャッジが難しいプレイ

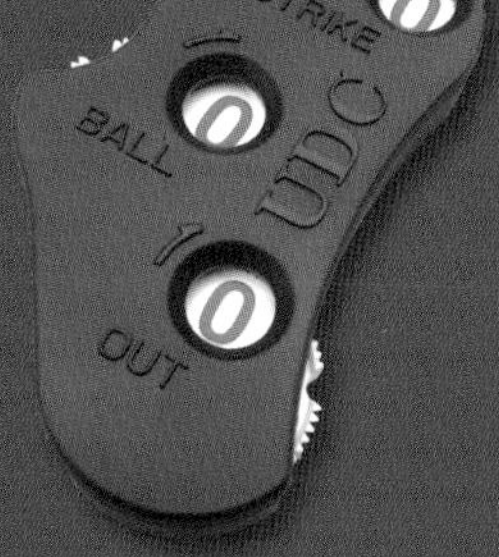

コツ45

よくあるボークを覚えてジャッジする

CHECK POINT
❶〜⓬代表的なボークのパターンを覚える

ボーク例を覚え確実に指摘する

ボークは投手か捕手が、攻撃側の走者や打者をだまして有利にすすめる行為に対し、定められたルール。投手が故意に行ったわけではなくてもボークは宣告できる。球審、塁審のどちらがコールしても良い。

ボークのとき塁上の走者は1個の進塁が与えられる。走者がいないときは、ボールカウントを1個増やすので注意しておこう。

ボークは瞬間的な動作で見落としがちだ。試合前から投手の投げ方を観察し、動きのクセを把握しておくと気付きやすい。次ページ以降で投手のボークの種類と例をあげるので覚えておこう。

POINT ❶ 軸足でプレートを踏んでいない

投手は打者に対して球を投げるとき、軸足でピッチャープレートに触れていなければボークとなる。プレートから離れた状態で投球動作に入ったり、肩をまわすなどの、投球動作と紛らわしい動作をした場合もボークとなるので、足元にも注意しよう。

POINT ❷ 打者がかまえる前にクイックピッチをする

打者が足元をならしている間など、構えていないときに投げる、意表をつく投球をクイックピッチ（またはクイックリターンピッチ）という。投球がストライクであっても、ボークが宣告された場合は、カウントしない。無走者の場合はボールとなる。間違えないようにしよう。

POINT ❸ セットポジションの完全静止を怠る

投球の始めに、身体の前で球をキープして、いちど完全に静止することが義務付けられている。（けん制の場合を除く）しっかり止まらないとボークだ。両手を合わせて球をキープしている手を離し、再び両手を合わせるのもボークだ。

POINT ❹ セットポジションで首から下を動かす

セットポジションをとった投手は完全に静止しなければいけないが、走者をけん制するために首を動かして様子を見て良い。このときに肩が動いたり、上半身を捻って走者の方を向いたりするのもボークとなる。けん制時は、身体全体を塁へ向けているか見極める。

POINT 5 投手板に触れた時に球を地面に落とす

投球動作の途中で球を落とした場合、走者がいる場合はボークとなる。走者がいないときは、落としたボールがファウルラインを越えるとボールとなるが、フェアゾーンで止まった場合はノーカウントとなる。プレートを外した状態の落球はボークではないので注意。

POINT 6 投球動作を中断し他の動作をする

捕手のサインを見るときは、ピッチャープレートに触れていなければいけない。サインを確認して投球動作に入った後、再び両手を離してサインを見る、プレートを外す、投球を途中で止めるなどの行為はボーク。投球動作が始まったら投げ切る。

POINT 7 打者に正対せず横に足を出し投球する

投手が打者を欺くような投球は禁じられている。投球する際は打者に正対しまっすぐに足を踏み出さなければいけない。けん制するような動作で、一、三塁方向に足を踏み出し、打者に対して投球するのは違反だ。踏み出した足の方向に注目しよう。

POINT 8 隠し球のときにプレートに触れる

走者がいる塁に着いている野手が、球を隠し持ち、離塁した野手をアウトするプレイは認められているが、このときに投手がピッチャープレートを踏み、捕手とサイン交換をしたり、投球動作に入るのはボークとなる。プレート近くでの紛らわしい動作もあてはまる。

POINT 9
走者のいる塁方向に足を出さないけん制

軸足がピッチャープレートに触れている投手がけん制をするときは、必ず踏み出す足を走者のいる塁の方へ向ける。打者の方に足を踏み出しながら、上半身だけひねって塁方向に投げるのはボークだ。

POINT 10
あげた足がプレートの後ろに出てからけん制

投手が軸足と反対の踏み出す足をあげ、その足全体が二塁寄りのプレート後方に出てしまうと、打者への投球か二塁へのけん制しかできない。この体勢から一、三塁にけん制球を投げるとボークとなる。ヒザではなく、足が後方に出た場合だ。

POINT 11
走者のいない塁へけん制する

本来、けん制は走者の盗塁や大きな離塁を防ぐためにするものなので、投手が、走者のいない塁へ投げると違反とされる。塁上に走者がいる場合でも、前進守備などで大きく塁から離れた野手にけん制球を送るのもボークなので気を付けよう。(アピールプレイは除く)

POINT 12
プレートを外さず一・三塁へ偽投する

ランナーがいる塁に向かってけん制球を投げるように動作に入ることを偽投という。投げる真似だけをする偽投は、ピッチャープレートを踏んでいる場合、二塁の走者に向けてはできるが、一・三塁への偽投はすべてボークだ。

コツ46

デッドボールを判断する

CHECK POINT
❶ 球が当たった部分を自分の身体で示す
❷ ストライクゾーンへの投球であれば当たってもストライク

スイングしているときはストライクとなる

投手の投球が、ストライクゾーンの外で打者に触れた場合、デッドボールとなる。球審は両手を上に広げ、ファウルボールと同じジェスチャーをして、球が当たった場所を自分の身体で指し示してから一塁を指差す。打者は一塁へ進塁できる。ユニフォームにかすった場合やワンバウンドした球も含まれるので、目と耳も使って判断しよう。

このとき注意する点は、打者がバットを振っている場合はスイングとなり、バントのときもバットを引いていなければ、ストライクとなる。投球がストライクゾーンを通過している場合、打者に当たっていてもストライクとなる。

打者がよけずに球に当たった場合はデッドボールとならない。ただし、球審が避けられなかったと判断した場合はデッドボールとなる。いずれの状態でもプレイは「ボールデッド」となる。

コツ47

危険球をジャッジする

CHECK POINT
❶ 故意の危険球は投手を退場あるいは交代

危険球では退場や警告の判断をする

投手が意図的に打者を狙ったと見受けられる投球は、球審が危険球と判断する。**明らかに故意に当てた場合は投手を退場処分にする。アマチュアの場合は、リーグにもよるが投手の交代とすることが多い。**

プロ野球では変化球がすっぽぬけて緩やかな球が打者の頭部周辺に当たったケースは、投手と監督に警告を与え、同じ試合で再び危険球があった場合に、退場処分または投手交代とすることもあるが、アマチュアの場合、特にルールで規定されていない。あくまで〝意図的〟に狙ったと思われる投球について罰則が与えられる。

コツ48

打者に球が当たる

打球が当たった場合の判断をする

CHECK POINT
1. 自打球はファウルとなる
2. フェアゾーンで触れるとアウト

打者の当たった位置でファウルかアウトと判断

バッターボックス内で打球が打者に触れる、いわゆる自打球の場合はファウルとなる。ノーバウンドでも、一度地面に着いた球に触れた場合も同じで、打球がホームベースに当たって跳ね返り、触れたときもファウルとなる。

しかし、バッターボックスを出ているときにフェアゾーンで触れたらアウトだ。バウンドしたボールが跳ねて身体の一部に当たったときや、フェアゾーンで止まった球を、一塁へ走っている途中に蹴ってしまった場合なども含まれる。バッターボックス内で完全に両足が残っているとき以外は、打球が当たればアウトになる。バッターボックス内は、フェアゾーンとファウルゾーンに分かれているが、**自打球はバッターボックスの中であればどの場所でもファウルとなる。** 打者が球に触れた位置で判断しよう。

コツ 49

二度打ちのときの判断をする

CHECK POINT
1. バッターボックス内の二度打ちはファウル
2. フェアゾーンだとアウト

打者の二度打ちは状況により判定が変わる

バットに当たった打球が、再びバットに触れた場合、バッターボックス内であれば、身体に触れたときと同様にファウルとなる。しかし、バッターボックスから出て、フェアゾーンでバットに当たった場合はアウトになる。バントをし、ワンバウンドして再び当たるケースなどあるが、打者が走り出しバッターボックスを出ていればアウトになるのでよく確かめよう。

気を付けたい点は、**打者が投げ出したバットがフェアゾーンに落ち、明らかに後から球がバットの方へ転がってきて当たった場合はボールインプレイとなり、打者はアウトにはならない。**走者がいた場合も通常の打球と同じように進塁できるので、混同しないように注意しておこう。

コツ50

振り逃げをジャッジする

CHECK POINT

1. 打者走者にタッチすればアウト
2. 内野ゴロの処理と同じ扱いになる
3. ダートサークルを出ればアウト

3ストライク目を補球できないと成立する

ルール上、「振り逃げ」という規定はないが、三振でのアウトは、「3ストライクを宣告された投球を捕手が捕球した場合」とあるので、捕手が捕球できなければアウトは確定しない。**無死、または一死で走者が一塁にいない状況か、二死の場合に、3ストライク目の球を捕手が捕球できなければ、打者走者には進塁の権利が成立する。**しかし、通常の内野ゴロと同じ処理となり、打者走者が一塁に到達する前にタッチアウトにするか、一塁への送球でもアウトとなる。

通常、この行為を「振り逃げ」というが、打者がバットを振らなくても、捕手が捕球できなければ、出塁の権利があるのがポイントだ。3ストライク目はとくに捕手のミットに注目しよう。

POINT 1 打者走者にタッチすればアウト

二死のときは走者に関係なく起こる可能性があるので気を配っておく。捕球できない捕手が最初に気付くことがほとんどなので、打者がさほど走り出していないときにタッチアウトになるケースも多い。「アウト」のジェスチャーとコールで明確にジャッジしよう。

POINT 2 内野ゴロの処理と同じ扱いになる

振り逃げで打者走者が一塁に向かった場合、捕手が捕球できなかった球を守備側が処理し、打者走者より早く一塁に送球できればアウトになる。通常のプレイと同じように塁上の走者も進塁しても良いので、守備側が悪送球を投げた場合などで得点が入ることもある。

POINT 3 ダートサークルを出てベンチ、ダッグアウトに向かえばアウト

振り逃げの場合、捕手が後逸したときなどは打者も気付きやすいが、ミットからこぼれるくらいだと気付かないこともある。タッチアウトにしようとする前に、打者がホームベースを囲うダートサークルを出てしまい、打者に進塁する意思がなければアウトと判断する。

+1《プラスワン》アドバイス 振らなくても「振り逃げ」できる

「振り逃げ」とよく言われるので、バットを振らないと成立しないと勘違いしている人も多い。ストライクの投球でも捕手が捕球できなければ成立し、投球が外れ捕手が後逸しても打者が振れば成立する。投球のコースだけですぐ判断しないように気を付けよう。

コツ51

オーバーランの基準を覚える

CHECK POINT
❶ 二塁を狙うかで判断する
❷ 一塁と本塁は駆け抜けても良い
❸ 二、三塁はタッチアウトも

オーバーランを考え タッチプレイの準備を

塁へ走り込んだ走者が勢いあまり、オーバーランやオーバースライドした場合、二塁、三塁では球を持つ野手にタッチされるとアウトになる。本塁と、打者走者の場合としての一塁への走塁は駆け抜けることができる。**一塁を駆け抜けた後に、ファウルゾーンであっても、二塁へ走るそぶりを見せれば、塁に到達する前にタッチされればアウトになる。**

二、三塁でオーバーランをし、戻る走者をアウトにする場合は、必ずタッチプレイになる。走者のスピードが落ちていないときや、サードコーチャーが腕をまわしオーバーランしてから戻ることもある。状況を予測し、タッチプレイになることを考えた位置でジャッジしよう。

POINT ❶ 一塁を走りぬけ 二塁を狙うかで判断

走者が一塁はベースを踏んだ後、先の塁を狙うそぶりを見せた時点で、タッチされればアウトになる。二塁方向へ向き足を踏み出す姿勢で判断しよう。ファウルゾーンにいてもそぶりがあればアウトにでき、逆にフェアゾーンでも狙う動作がなければアウトにならない。

POINT ❷ 一塁と本塁は 駆け抜けても良い

一塁と同様に本塁も駆け抜けて良い。本塁でのクロスプレーの場合、捕手が走者をタッチしていない場合で、走者もベースに触れられずオーバースライディングするケースもあるので最後まで確認しよう。特に子どもの場合はホームベースをしっかり踏んだかの確認も。

POINT ❸ 二、三塁は タッチアウトも

二、三塁でオーバーランやオーバースライディングし、野手がタッチすればアウトになる。走者がベースに戻る場合、スライデングの形で手から戻ることもあり、低い体勢になってもなるべく近くで判断できるようにしよう。走者とグラブのすき間が見えるように。

+1《プラスワン》アドバイス 3フィートオーバーは アウトになる

「3フィートオーバー」は、塁間をまっすぐに結んだ線から走者が3フィート（91cm）離れるとオーバーランでアウトと思われがちだ。正しくは野手が走者にタッチにいった地点から走者が左右方向に3フィート離れるとオーバーランとなるので覚えておくこと。

コツ 52

帰塁・タッチアップ

タッチアッププレイを理解する

CHECK POINT

❶ 打球がフライのときは走者の帰塁を確認

❷ 野手は球に触れたら離塁しても良い

❸ 帰塁した場合はアピールプレイの判断

タッチアップは離塁のタイミングが重要

野手がフライ（ライナー）を捕球した場合、走者は一度帰塁しなければいけない。帰塁する前にベースから離れ、野手がベースにタッチするとアウトになる。野手がフライの打球に触れたら、走者は離塁でき、走って次の塁を狙うことができる。これをタッチアッププレイ（タッグアッププレイ）という。野手がしっかりと捕球できていなくても、グラブや体に球が触れた時点からタッチアップができるので、そのタイミングをよく見極めよう。

タッチアップで次の塁へ走塁し送球が次の塁へくるとタッチプレイの判断になるが、走者が飛び出し、帰塁するときはアピールプレイになる。打者がランナーになったことによって、押し出してしまう走者に対する次の塁でのプレーをフォースプレーという。アピールプレイと混同しないように注意。

POINT ❶ 打球がフライのときは走者の帰塁を確認

塁上に走者がいる場合は、野手がボールを触ったときから離れることができるので、そのタイミングを確認しよう。走者がリードしていたり、走り出している場合は元の塁に戻ってくるので、捕球の後に一度元の塁に戻っているか見極めよう。

POINT ❷ 野手は球に触れたら離塁しても良い

タッチアップができるのは捕球後ではなく、野手が球に触れた時点からだ。グラブに収まった球をお手玉していて完全捕球できていなくても、最初に触った時点から離塁できるのがポイントだ。走者越しに野手が見える位置でジャッジしよう。

POINT ❸ 帰塁した場合はアピールプレイの判断

タッチアップで次の塁へ走り、野手から送球された場合はタッチプレイになるが、塁から離れている走者が帰塁する塁に送球するときはアピールプレイだ。走者が複数いる場合はどちらの判断もあり得るので、気を抜かず、どの走者を見るか役割分担の責任を持とう。

+1《プラスワン》アドバイス 守備者の動きでアピールアウトも

野手が走者の離塁が早かったことを気付いた場合、球を持って、走者の身体か元の塁か選手にタッチし、審判にアピールすることがある。このアピールを認めた場合は、その走者はアウトになる。このようなアピールアウトもあるので、野手の動きも視野に入れておくように。

コツ53

スリーアウトとホームイン

3アウトと得点のタイミングを理解する

CHECK POINT

❶ フォースアウトなら認められない
❷ タッチアウトより早ければホームイン
❸ 挟殺プレイもタッチ前は得点に

3アウト目で得点の有無が決まる状況

3アウト目を取るときに走者がホームインした場合、**走者・打者走者がフォースアウトの状況なら得点は認められず、走者のタッチアウトよりホームインが早ければ得点となるので、区別しておこう。**例えば、走者なしで、打者が一塁フォースアウトなら認められない。1アウト走者一、三塁で打者は一塁フォースアウトでも、一塁走者が二塁を狙い、挟まれてタッチアウトの場合、三塁走者のホームインの方が早ければ得点は認められる。

特別な例として、二死三塁で走者がホームスチールをし、投球より先にホームインしたが、ストライクで打者がアウトになったときは、打者の三振が優先され得点は認められない。

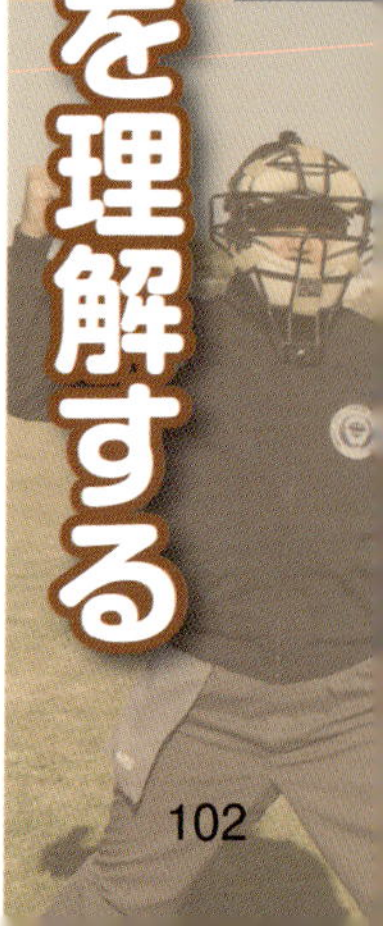

POINT ① フォースアウトなら認められない

二死三塁で、打者が内野ゴロの一塁フォースアウトであれば3アウトが成立しチェンジとなる。走者が複数いる場合も同じだ。一死で走者が一、三塁のとき、打者が内野ゴロで二塁、一塁ともフォースアウトになれば三塁走者のホームインは認められない。

POINT ② タッチアウトより早ければホームイン

3アウト目がタッチプレイになった場合、タッチアウトよりホームインが早ければ得点が認められる。二死一、三塁で打者が内安打を打つが、一塁走者が二塁でタッチプレイになるケースなどだ。球審は二塁のプレイも見える位置で2つの塁をしっかり確認しよう。

POINT ③ 挟殺プレイもタッチ前は得点に

走者が塁間で挟まれてタッチプレイになる場合もホームインの方が早ければ得点になる。挟殺プレイの場合、ホームインの確認だけでなく、野手が走者を挟んでいる途中で三塁走者を刺そうと送球し、三塁走者がタッチプレイに変わるときもあるので頭に入れておこう。

+1《プラスワン》アドバイス 誰がベースを踏み忘れたのか？

特別な例として、二死二塁で打者がホームラン。二人とも本塁を踏んだが、二塁走者は三塁を踏み忘れてアピールでアウトになった。この場合、打者は前を走る走者の失敗により、正しい走塁を行っていても得点にはならない。

コツ54

インフィールドフライ

インフィールドフライを宣告する

CHECK POINT

❶ 打球の方向に体を向けてインフィールドフライを宣告
❷ フライを落としたら走者はベースに戻らなくてもよい

インフィールドフライのジャッジと走者も確認

インフィールドフライとは、守備側が内野フライを落とし、進塁義務のあるランナーを刺して、併殺や三重殺をすることを防ぐため、打者をアウトにするルールだ。**無死または一死で、走者一、二塁または満塁のときに、内野手が通常のプレイをすれば捕球できるフライと判断したら、インフィールドフライと宣告する（バント、ライナーは含まない）。打球の方向を向き、人差し指を立てて右手を上にあげてジェスチャーする。**インフィールドフライはフェアの飛球のみが対象で、ファウルになれば打者は打撃を継続できる。

野手がフライを取れなかった場合でも打者はアウトになるが、走者はベースから離れていても、野手が落球すればそのまま次の塁へスタートを切れる。ただし、ボールを持った選手にタッチされればアウトになるので把握しておこう。

コツ55
故意落球を見極める

CHECK POINT
❶ 故意落球では打者はアウトになる
❷ 球がグラブや手に当たらず落ちたら故意落球はない

ワンバウンドすれば故意落球にならない

インフィールドフライと同様の目的で内野手がフライやライナーを故意に落とした場合、バッターをアウトにする状況があるので覚えよう。

無死または一死で走者一塁または走者一、二塁、一、三塁か満塁のとき、内野手が通常の守備をすれば捕れるイージーなフライやライナーをグローブや手に当てて意図的に落としても、故意落球として打者はアウト（バントを含む）。ボールデッドとなり、野手は進塁できない。インフィールドフライでなくても、内野手が故意落球するとアウトとなる。

覚えておくポイントは、守備範囲であっても故意であっても、球がグラブや手に当たらずに、地面に落ちた場合は含まれない。わざとワンバウンドさせれば故意落球ではないので注意。

隠し球に気付きジャッジする

CHECK POINT
❶ 走者にタッチすればアウトになる
❷ 投手がプレートから離れているか確認
❸ ピッチャープレートについたらボーク

走者のジャッジと投手の動きにも注意する

走者がいる場合に、投手が球を持っているように見せかけ、**野手が球を隠し持って離塁した際にタッチアウトする「隠し球」もよく観察してジャッジする。走者のアウト、セーフだけでなく、投手の動きも重要だ。**投手が球を持っていないのにピッチャープレートをまたいだり、捕手とサインの交換をする行為はボークとなる。

走者は離塁してタッチされるとアウトになるが、どんな状況でもタイムがかかったら球は投手に戻さねばならない。タイムが認められればボールデッドになる。ボールデッド後は、投手が、ピッチャープレートについてから、球審がプレイを宣告するときは投手が球を持っていなければならない。

POINT ❶ 走者にタッチすればアウトになる

隠し球のトリックプレイはルール上、認められている。野手が球を隠し持っていることに気付かず、走者が離塁しタッチされればアウトだ。塁審も気付かないときはタッチした際に、野手の手、またはグローブの中に球があるか確認してアウトのコールをする。

POINT ❷ 投手がプレートから離れているか確認

野手が球を持っているのに、投手がピッチャープレートに着きそうなくらい近付いたらボークとなる。それを逆手に取り、走者がいる場合に投手がなかなかプレートに近寄らなければ隠し球の可能性があるとみて、走者に近い野手の動きに注目しておこう。

POINT ❸ ピッチャープレートについたらボーク

投手は球を持っていない状態で、ピッチャープレートに着いたり、近寄ればボークになるが、ほかにも、捕手とサインの交換や投球動作と紛らわしい動きをしても当てはまる。隠し球のときに投手のボークを宣告したら、走者は1個進塁できるので促そう。

+1《プラスワン》アドバイス 時間はリーグにより審判の判断で

投手がプレートに着くまでの時間制限はないが、リーグにより打者と正対してから12秒、ボールを受けてから15秒などのルールが検討されている。その時間を目安に投手がピッチャープレートに入らなければタイムをかけて、球を戻させ再開しても良いだろう。

コツ57

捕手と打者の接触を判断する

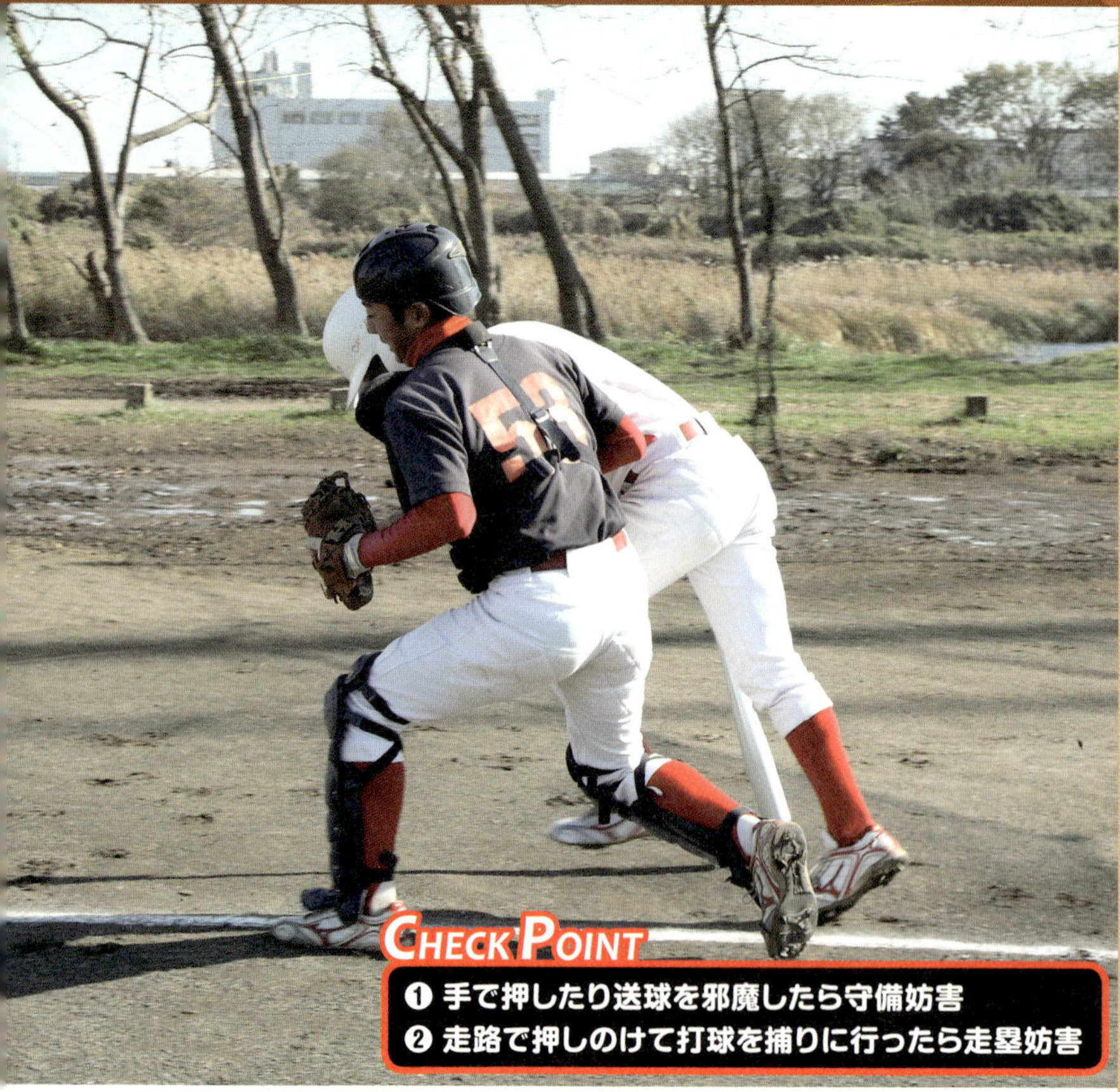

CHECK POINT

❶ 手で押したり送球を邪魔したら守備妨害
❷ 走路で押しのけて打球を捕りに行ったら走塁妨害

守備妨害なのか打撃妨害か見極める

バントの直後など、捕手と打者走者が交錯することがある。**打者がすぐさま一塁方向に走り出し、捕手と接触した場合は守備妨害にならないが、両手を出して捕手を押したり、捕手の守備行為を邪魔する為に立ち止まったりした場合は、守備妨害になり、アウトになるので見極めよう。**

逆に走路をまっすぐに走る打者走者を捕手が「故意に走者をつまずかせる」などをして、打球を捕りに行った場合は、走塁妨害と見なし、出塁が許される。しかし必ずしもどちらかの妨害になるとは限らない。その場合は「That's《ザッツ》 nothing《ナッシング》」の発声でプレイを流そう。

捕手が投球を捕球する際、キャッチャーボックスの前に出て、打者がスイングするバットと接触すると打撃妨害となり出塁が認められる。

コツ58

接触した状況で判断する

CHECK POINT
❶ コーチは走塁を援助する接触をしてはいけない
❷ ハイタッチなどは援助にはならない

援助行為かどうかのポイントで決まる

ルール上は、走者が味方の選手やコーチとの接触を禁じる規定はない。**注意が必要なのは、「コーチが走者に接触することにより、帰塁や離塁の援助をすること」が禁じられている点。**例えば、走者の背中を押して勢いをつけたり、塁間で転倒した野手の手を引っ張って起きあがるのを手伝う行為や、コーチが手を貸すことで守備者の邪魔をすると走者はアウトになる。

ハイタッチはただの接触であり、プレイの援助には当たらないのでアウトにはならない。

例外的に高校野球や一部のリーグでは接触した時点で走者をアウトと見なす場合もある。この場合はハイタッチでもアウトになるので、事前に規定を確認しておこう。

コツ59

捕手と接触時の対処をする

CHECK POINT
❶ 球審と捕手の接触で送球を妨害したら次のプレイに注意
❷ 接触があってもアウトになったら妨害はなかったとする

選手と審判が接触するとプレーは続行する

球審が野手と接触したときは、そのままプレイが続行される。捕手がファウルフライを追いかけることが予測できたら、球ではなく、捕手の動きをみて体をさばき、捕手を先に行かせてから捕球を確認に行けばよい。

しかし、走者の盗塁を刺す場合などに捕手と接触し、捕手の送球動作を妨害した場合、各走者は元の塁に戻る。捕手の送球で走者がアウトになった場合は妨害がなかったものとするのがポイントだ。

直接、捕手と接触した場合ではなく、スリーストライク目やフォアボール目の投球が審判か捕手のマスクに挟まった場合、打者走者はそのまま塁に出て、走者は1個進塁できる。混同しないように頭に入れておくこと。

コツ60

接触したときの対応を覚える

CHECK POINT
❶ 野手が触れていない打球は走者進塁
❷ 球に触れる前進守備の状況では試合続行

誰も触っていない打球に内野内で審判に触れると出塁

審判が打球に当たってしまうこともあり、審判は「小石と同じと考える」よくといわれるが、状況によって異なるので誤らないようにしよう。

内野のフェアゾーンで投手を含めた野手が一度も触れていない打球のときは、打者が一塁に出塁でき、その状況で押し出される走者も進塁できる。

投手を含めた野手が球に触れるか、前進守備をとっている野手を通り過ぎた打球が当たった場合は、そのまま試合が続行される。この場合が、小石と同じと考えるケースだ。打球だけでなく送球が当たった場合も、プレイが続行される。塁審のときは、野手の守る位置や送球も考え、見やすい位置をとりながらも、打球や送球に触れないように気を付けよう。

CHECK POINT
球場によって、サイズは違う

コツ+α

グランドのサイズを確認する

野球のグランドは、本塁からピッチャープレートまでの距離や、各塁間の距離はリーグなどで統一され規定が定められている。球場の広さや環境によって、外野の区画やファウルゾーンの広さは異なる。**少年（学童）野球では試合会場によって、外野フェンスまでの距離を短くするなど調節している場合もある。グランドの規格にも目を通しておこう。**

例えばプロ・社会人野球では本塁からピッチャープレートまでの距離は18・44m、内野ベースの距離間は27・431m。

これに対し、少年野球は本塁からピッチャープレートまでの距離が16m、内野ベースの距離間は23mだ。本塁から外野フェンスまでの距離は両翼70m、センター85mとされているがこの距離もリーグや球場によって異なる。

※次ページ以降、少年（学童）野球ルールを基に例示

●グラウンドに関連する名称

ピッチャーマウンド…P114／ベース…P114／バッターボックス…P115／ネクストバッターズサークル…P115／コーチスボックス…P116／ベンチ…P116／ダートサークル…P117／バックネット…P117

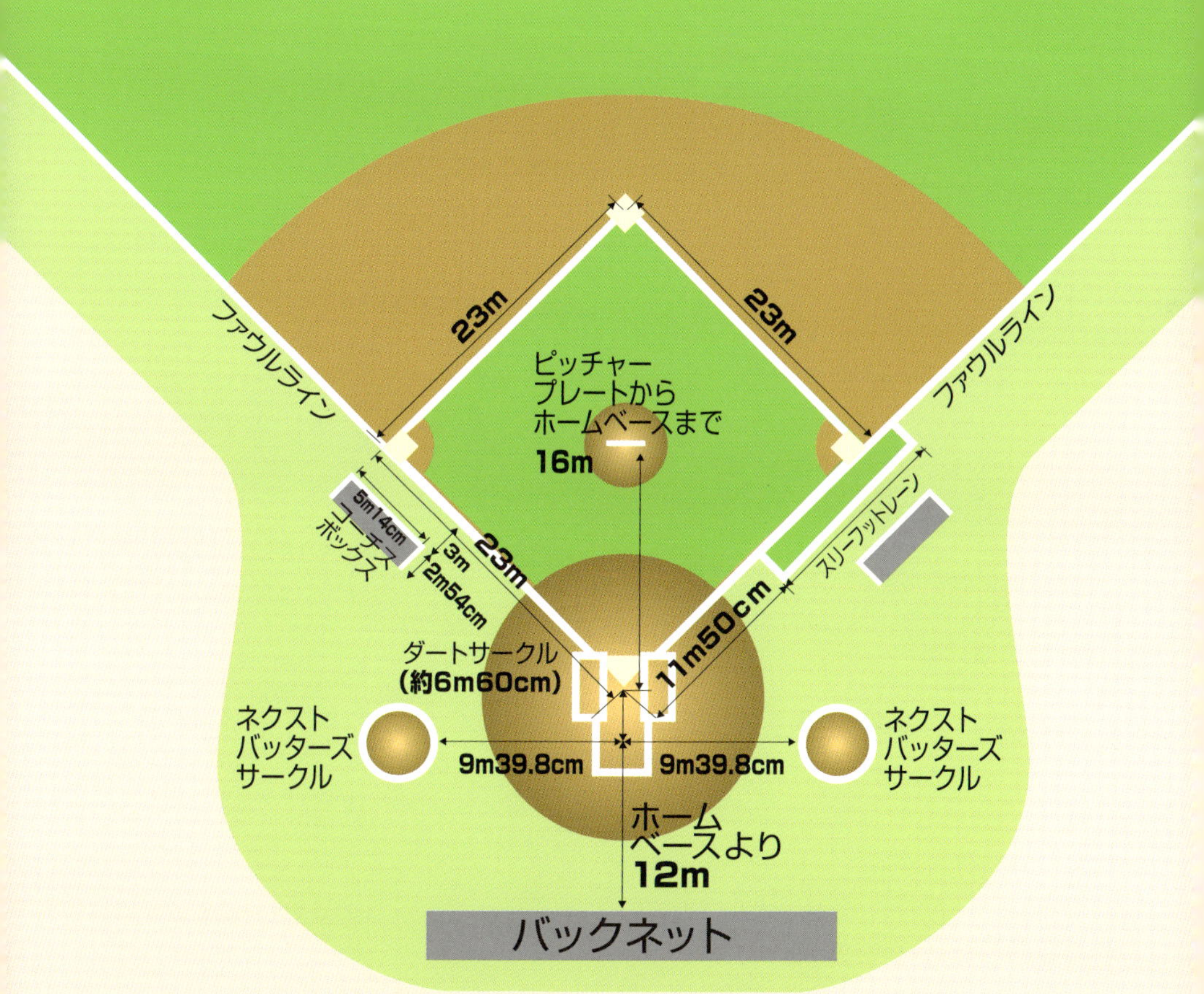

ピッチャーマウンド

土が盛られたピッチャーマウンドは、ホームベースと二塁の中間に位置し円形になっている。プロ・社会人野球では直径5.486mで少年野球では直径4.572mとやや小さい。その中心から後方は平なスペースで、そこにピッチャープレートが配置されている。リーグにより前方の傾斜は規格があるが、後方の傾斜に決まりはなくゆるやかな傾きになっている。ピッチャープレートにも規定があり、白いゴム製で縦が13cm、横が51cmと定められている。試合前にマウンドやプレート周辺が均されているか確認しておこう。

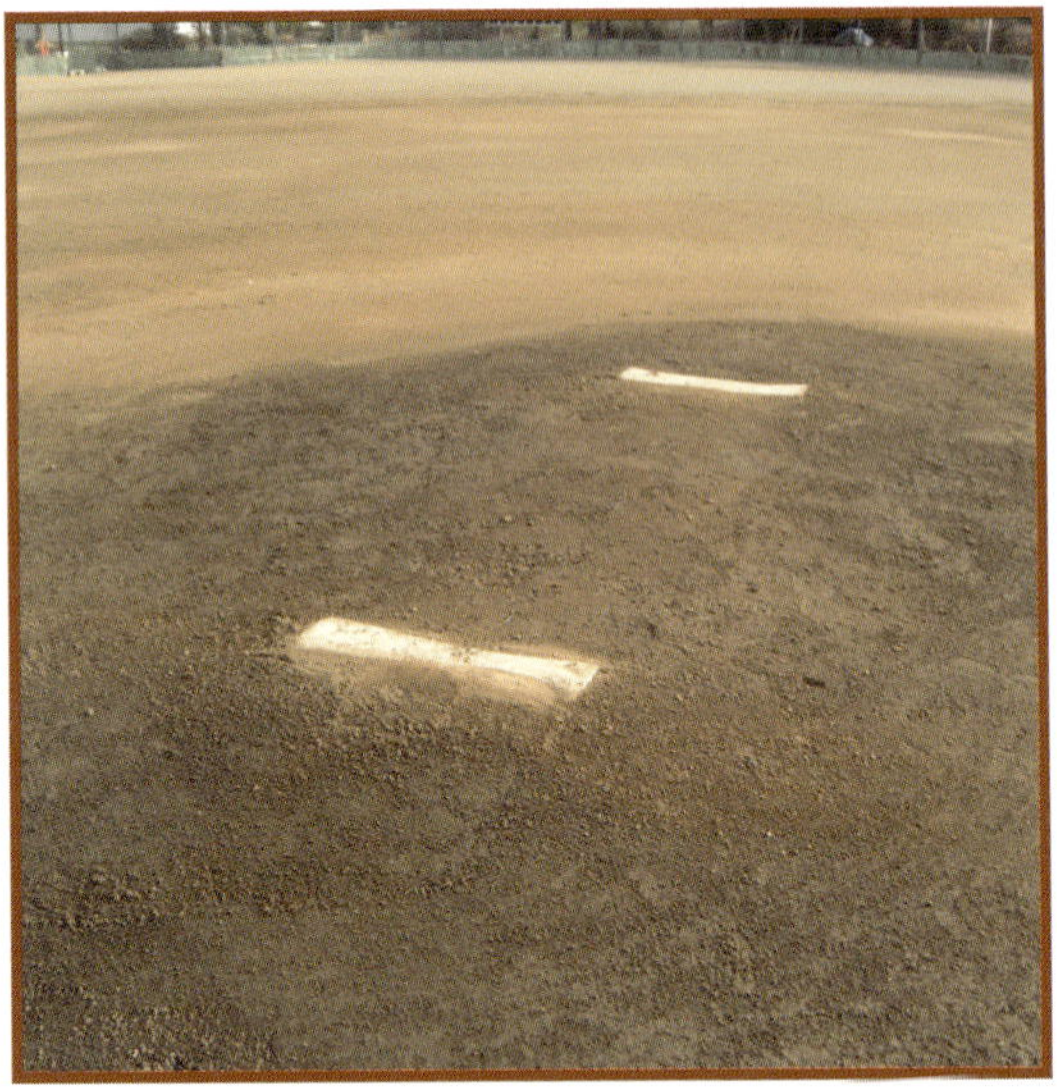

ベース

ホームベースは少年野球の場合、1辺38.1cmの正方形の下半分の角を左右対称に切り落した五角形になっている。ホームベース以外は1辺35.56cmの正方形。材質はキャンバス製やゴム製、ウレタン製などがある。本塁、一、三塁ベースは、内野の区画線の外側に沿って置くが、二塁ベースはベースの中心点が区画線の頂点と同じ位置になるように置く。少年野球では移動式のベースで動いてしまう場合があるが、本来定められている位置にあるものとして判断する。

バッターボックス

ホームベースの左右両側にあり、打者が打撃を行うスペースを示す。少年野球では縦の長さが150cm、横が90cmと規定され、それぞれ7.6cm（3インチ）のライン幅を含めた長さになる。その後ろの2本の線の内側がキャッチャーボックスで、捕手は投手の手から球が離れるまではこの区画内にいなければいけない。審判は、バッターボックスやキャッチャーボックスの範囲を守っているかも判断する。石灰を使用してラインを引くことが多いので、試合中に消えてしまったら、イニングの間などに引き直しておこう。

ネクストバッターズサークル

ネクストバッターズサークルは、次に打席に立つ打者が、素振りなどの準備をして待機するためのスペースである。ファウルゾーンにあり、チームのベンチの近くに設けられている。円形で少年野球の場合は直径1.30mだ。打者が打撃を行っている間、次の打者がネクストバッターズサークルで待機しなければいけないという規定はないが、ゲームをスムーズに進行するために、待機させることが望ましい。少年野球では、リーグによってネクストバッターズサークル内では、しゃがんで待機するのがマナーとされていることも多い。

コーチスボックス

一塁と三塁線から離れた場所に、5.14m×2.54mのコーチスボックスがあり、攻撃側チームは、攻撃中、2人のベースコーチをボックスの位置につかせなければならない。このボックスから走者や打者にサインを出し、指示を送ることができる。コーチスボックスに入るのは監督や選手でも良いが、そのチームのユニフォームを着ることが定められている。コーチがプレイを妨げる行為や走者を援助した場合は、走者がアウトになるなどのペナルティがある。

ベンチ

監督やプレイをしていない選手、コーチなどが控えている場所で、一塁、三塁のファウルグラウンド外側に設けられる。少年野球の場合は椅子を並べただけの簡易的なベンチが多いが、プレイの支障が出ない場所に配置されているか確認しておくこと。リーグや大会の規定によって、ベンチ入りできる登録人数が決められている。登録されていない選手がベンチに入ることができない試合があるので確認しておこう。また試合に出ていない選手は原則的にベンチから出られないので注意。

ダートサークル

プロ・社会人野球では芝のグランドが多く、ホームベースの周囲は、スライディングや接触プレイが多いので、土のサークルとなっている。少年野球では直径6m60cmで石灰を使ったラインでサークルが示されることが多く、主に振り逃げのときのゾーンに関わる。ルールブックに「第3ストライクと宣告されただけで、まだアウトになっていない打者が、気付かずに、一塁に向かおうとしなかった場合、その打者はホームプレートを囲む土の部分を出たらただちにアウトが宣告される」とあるので、ダートサークルを出ればアウトとなる。

バックネット

ファウルボールがスタンドや球場周辺に飛ばないよう、危険防止のため本塁後方にバックネットが張られている。バックストップともいわれるが、通常、網状が多いのでバックネットと呼ばれる。公式戦のできる球場では、本塁から12m（60フィート）離れて設置するよう定められている。ネットの高さや横の長さに規定はない。打球がフライやライナーになった際に、野手が触れる前にバックネットに球が触れた場合はファウルボールとなる。試合前にバックネットとの距離や位置関係を把握しておくと良い。

スコアボード

スコアボードは両チームの回数ごとの得点を表示し、試合経過を示すもの。各回のヒット数やアウトカウントまで表示する場合があるが、少年野球では得点表としての使うことが主だ。9回や延長回まで記入できるようになっているものもあるが、7回、5回制のときは、あらかじめ得点の欄に斜めに斜線を入れておくとわかりやすい。黒板にチョークで手書きするタイプが多く、控え選手が記入係りを行うこともある。審判と、得点やプレイの内容を記録している記録係と、スコアボード表示係との連携も大切だ。

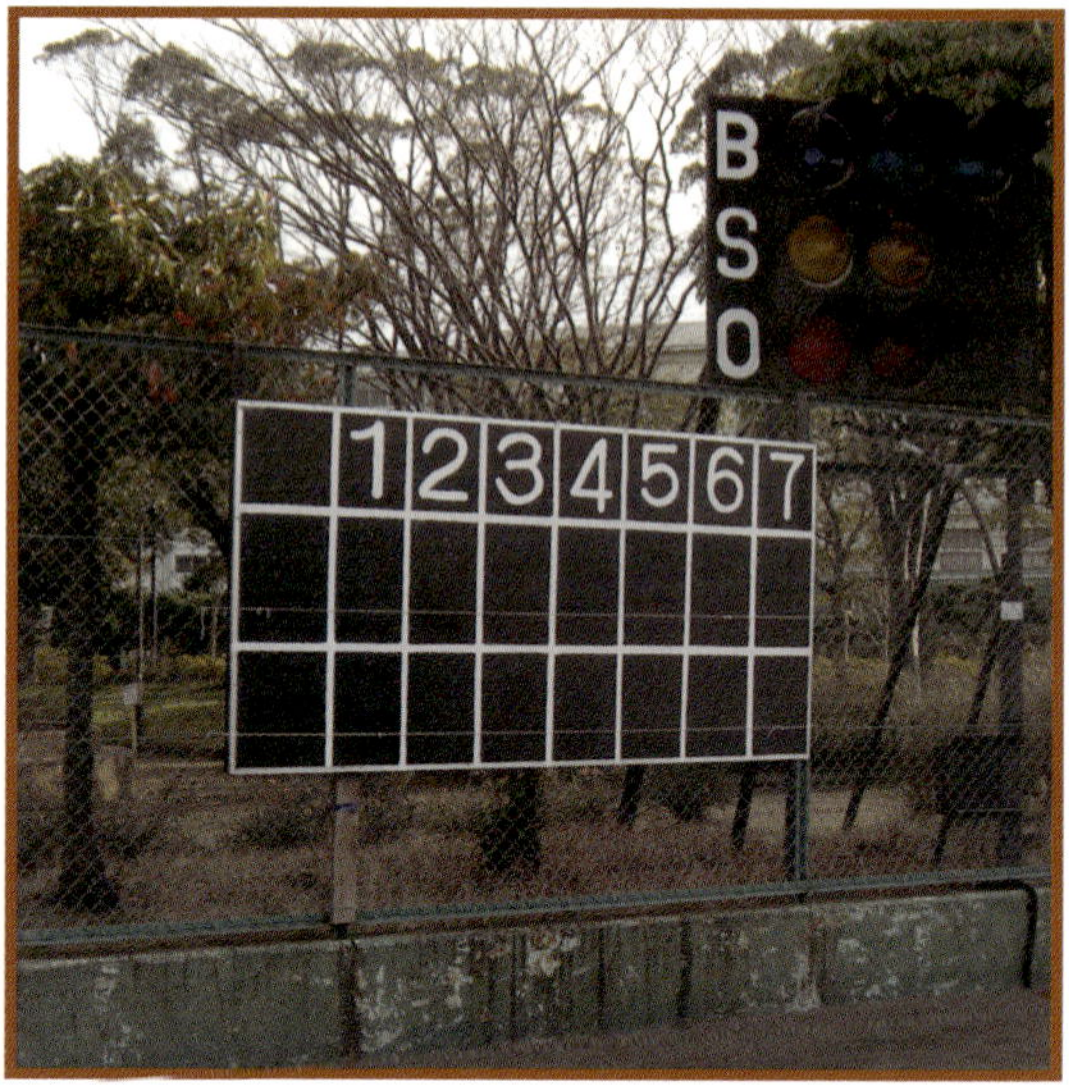

外野フェンス

外野フェンスはリトルリーグの場合、本塁より60.95m（200フィート）以上、少年野球では両翼70m、センター85m以上離れていることが望ましいとされている。フェアボールがインフライトの状態で競技場外へ出た場合、ホームランとなる。フェンスや金網の上部は数センチの幅があるが、その上部に当たって場外に出たらホームラン、フィールドに戻ってきたらボールインプレーになる。外野フェンス際のプレイも塁審が判断するので、できるだけ追って確認しよう。

新ルール対応

審判ジャッジQ&A

2016年の公認野球規則の改正により、試合でのジャッジの判断や運用が変わったルールがある。自分が審判をしているときに、ジャッジで迷わないためにも新しいルールや間違いやすいルールをチェックしておこう。

Q.1 本塁上のクロスプレーはどう見極めればいい？

2016改

A.1

アマチュア野球では元々、ランナーがキャッチャーに追突するような行為を認めていない。そのためコリジョンルール導入によるジャッジの仕方は、アマチュア野球において従来とあまり変わらないともいえる。ただし、三塁と本塁を結ぶ線にキャッチャーが明らかに入った場合やブロック行為を行った場合、送球キャッチ後に激しくタッチした場合などは、ルールを適用して得点を認めるジャッジが必要になる。

※公認野球規則には、同ルールについて「所属する団体の規程に従う」とある。

Q.2 バッターがバッターボックスを外したらストライクにカウントされる？

2016改

A.2

バッターはピッチャーが投球動作に入ったらバッターボックスを外すことはできない。違反したバッターは自動的にストライクを宣告されることがある。このルールの運用によりアメリカのマイナーリーグでは、試合時間の短縮に大きな成果をあげた。しかし日本の野球ではバッターが頻繁にバッターボックスを外すような行為は少なく、アマチュア野球では「審判が警告を二回行い、三度目以降はストライク」とする内規がある。

Q.3 打順が違うことに気付いたら注意すべき？

A.3

打順の間違えは守備側のチームのアピールがあって始めて成立する。従って審判が気付いてもペナルティを与えることはない。間違えた打者の打席完了直後に守備側がアピールすれば、打者はアウトになる。打席の途中なら、そのカウントを引き継いで正しい打順の打者が入る。守備側に気付かれない場合は、そのまま続行しよう。

Q.4 攻撃側の選手は全員ベンチにいなければならない？

A.4

攻撃側チームの選手は、打席に入る選手とランナーコーチ、次のバッターがネクストバッターズサークルにいる以外は、原則としてベンチから出ることはできない。「競技に出る準備をしている」選手、つまり交代を告げられ、これから試合に出る選手はこれにあたらない。

ベンチ前でみられるピッチャーのイニング間の投球練習は、そのピッチャーがすでに登板している場合は、公認野球規則のルール上では認められていない。しかしアマチュア野球の現場では、ケガ防止の観点から容認している。

Q.5 打撃妨害を受けた打者の結果がよければそのままでも良い？

A.5

結果はどうあれ、打撃妨害があったことは判定するが、妨害にあったチームがプレイの選択をできる場合がある。打撃妨害にあった打者の打球が犠牲フライとなり走者を送ることができた場合など、攻撃側の監督は打撃妨害がなかったものとして打者がアウトで走者進塁か、打撃妨害を認め、走者はそのままで打者が出塁か選ぶことができる。

審判は打撃妨害のペナルティを実行し、その後、監督から申し出があれば変えることができる。

Q.6 暴投した球がフェンスに挟まり、取れなくなってしまったら?

A.6

走者がいないときは、ほかの球を用意しプレイを再開しよう。野手の暴投がフェンスのすき間やベンチなどに入り、取れなくなってしまった場合はボールデッドとなり、走者が元にいた場所を基準に2個の進塁ができる。投手の投球の場合は1個の進塁になる。近くに川原や建物がある場合もあるので試合前にグラウンドを確認し、特別ルールを決めておこう。

※内野手の打球処理後、投手の投球当時を基準とし、それ以外は悪送球が野手の手を離れたときに占有していた塁を基準とする。

Q.7 インフィールドフライの打球なのか判断が難しい?

A.7

内野手が通常の守備行為を行えば捕れる打球を差すが、仮に前進守備の外野手が捕ったとしても内野のフィールドならインフィールドフライと認められる。大きく動いたランニングキャッチなどではなく、内野の定位置からさほど動かずに捕球すれば、通常の守備行為で捕れるであろう。バントのときのフライは認められないので覚えておこう。

Q.8 選手同士や観客の野次が多いときはどうする？

A.8

ルールブック上には声や音による妨害の規定はないが、守備者が捕球するときに、耳元で走者やコーチが奇声をあげたり、侮辱的な言葉でプレッシャーをかけた場合は、守備妨害としてアウトにしても良いだろう。とくに子どもの野球の場合、ベンチや観客の野次が酷い場合は注意をしよう。監督に一声掛けて、お互い気持ち良くプレイできるようにしよう。

Q.9 初心者でもストライク、ボールの見極めはできる？

A.9

いきなり試合で球審をやると判定が難しいので、ブルペンで練習しておくと良いだろう。捕手の後ろに立って感覚をつかみ、経験者にストライク、ボールの判定を見てもらう。可能なら打者に入ってもらうとより実践的となる。インジケーターも持ち、投手の左右や打者の身長差も変えて行うのがポイント。ハーフスイングは複数の経験者の判断を参考にグループで基準を合わせておくと試合でも迷わない。

Q.10 バットが折れて野手の方へ飛んだら守備妨害？

A.10

スイングしたバットがすっぽ抜けて、フェアグラウンド内に飛び、野手の守備を妨げた場合は「守備妨害」となる。しかしバットが折れた場合は、これに該当しない。バットが折れるかどうかまでバッターは意図してプレイできないからだ。仮に折れたバットにボールが当たっても、そのままインプレーとして続けられる。

すっぽ抜けたバットがフェアグラウンド内に飛んでも野手のプレイに妨げにならなければ守備妨害にはあたらない。

Q.11 イニング間の投球練習は誰が受けても良い？

2016改

A.11

攻守が交代する直前に攻撃側のキャッチャーがバッターやランナーとしてプレイに関与していた場合、プロテクターやレガースの装着に時間がかかる。このようなときは、控えのキャッチャーが、代わりにピッチャーの投球練習を受ける。新しいルールでは、この代役キャッチャーにも、キャッチャーマスク（ヘルメットも含む）の着用を義務付けている。これはブルペンで投球を受けるキャッチャーも同様で、怪我を防止し安全化を図るためだ。

Q.12……体調管理で気を付けることはある？

A.12……

審判は外野の打球を追ったり、ベースカバーに走ることも多い。日頃から軽く体を動かし、試合前もストレッチをしておこう。選手は試合中、ベンチで座れる時間があるが、審判は常にグランドで立っている。球審はプロテクターをつけていて夏場は暑いので、熱中症にならないように水分捕給も大切だ。試合に支障がないところに水筒などをおいておこう。

Q.13……審判の用具はどこで買える？

A.13……

プロテクターやレガーズなどはスポーツ用品店で購入することができる。店に陳列していることは少なく取り寄せになることが多い。見た目だけで判断せず、実際に持っている人から借りて、自分が使いやすいか試してから取り寄せることをおすすめする。オンラインショップではインジケーターなどの専門的なアイテムも購入ができるサイトもある。

撮影協力：西湘パワフルズ

全日本少年硬式野球連盟「ヤングリーグ」に所属し、神奈川県平塚市をホームグラウンドとする中学硬式野球クラブ。2006年に発足し、学業をおろそかにすることなく野球を通して優れた人材を育む文武両道の指導方針で、2008年から4年連続全国大会出場、第19回ヤングリーグ東日本大会優勝など、全国トップレベルで活躍している。

伊澤　里江 監督

向上高校ソフトボール部出身。大学卒業後に女性としては初となる県立高校野球部の監督に就任する。向上高校ソフトボール部コーチを経て、2011年より西湘パワフルズの監督に就任。

（監修者紹介）

内川　仁（ウチカワ　ヒトシ）

1972年生まれ。2000年米国マイナーリーグとプロ契約。2004年には、日本人初の2A審判員となる。米国ジム・エバンス審判学校で5度インストラクターを経験し、恩師ジム・エバンス氏の下、世界各国の審判を指導。審判をトレーニングすることを主たる目的とするNPO法人UDCを代表として立ち上げた。

濱野　太郎（ハマノ　タロウ）

1972年生まれ。大学卒業後96年〜03年セントラル・リーグ審判員。2000年イースタンリーグ優秀審判員表彰。米国ジム・エバンス審判学校をへて、米国マイナーリーグとプロ契約。07年〜10年米国マイナーリーグ審判員。1Aミッドウェストリーグオールスター、チャンピオンシップ出場。

井上　公裕（イノウエ　コウユウ）

1983年生まれ。2006年米国マイナーリーグとプロ契約。2007年から2010年まで日本人最年少で米国ジム・エバンス審判学校のインストラクターを務める。怪我のため2009年のシーズンを最後に現役を引退。現在は審判の怪我の予防など、新しい視点で審判の環境整備を進めるために活動中。

UMPIRE DEVELOPMENT CORPORATION

野球審判員のための審判技術講習会や勉強会の開催、各野球団体への講師派遣、各野球試合への審判員派遣などに取り組む2003年設立の特定非営利活動法人。メジャー・リーグ公認審判学校校長であるジム・エバンスを名誉顧問に迎え、野球審判員の地位向上及び正しく楽しい野球の普及に取り組んでいる。なお、同法人は2020年3月をもって解散した。

（STAFF）
カメラ　柳太・阪本智之
デザイン　居山勝
執筆協力　山口愛愛
編集　株式会社ギグ

少年野球　審判マニュアル　新版
正しい理解＆判断がよくわかる

2021年　6月10日　第1版・第1刷発行
2025年　4月　5日　第1版・第6刷発行

監　修　Umpire Development Corporation（アンパイアデベロップメントコーポーレーション）
発行者　株式会社メイツユニバーサルコンテンツ
代表者　大羽 孝志
〒102-0093東京都千代田区平河町一丁目1-8
印　刷　株式会社厚徳社

ご意見・ご感想はホームページから承っております
ウェブサイト　https://www.mates-publishing.co.jp/

企画担当:大羽孝志／堀明研斗／清岡香奈

※本書は2016年発行の『少年野球　審判マニュアル 正しい理解＆判断がよくわかる』を「新版」として発売するにあたり、内容を確認し一部必要な修正を行ったものです。